AF537543

DIE KITA-UMWELT-RETTER
Mit Kindern Umweltschutz und Nachhaltigkeit leben

WALD, WIESE & INSEKTEN

IMPRESSUM

ISBN: 978-3-96046-154-8

Die Kita-Umwelt-Retter
Mit Kindern Umweltschutz und Nachhaltigkeit leben
Wald, Wiese & Insekten

Klett Kita GmbH · Rotebühlstr. 77 · 70178 Stuttgart ·
Internet: www.klett-kita.de

Redaktion	Myriam Bork
Redaktionelle Mitarbeit	Nicole Woratz
Autorin	Claudia Hohloch
Illustration	Alexandra Junge
Gestaltung und Satz	DOPPELPUNKT, Stuttgart
Druck	Grafik Media Produktion, Köln

Kontakt
Telefon: 07 11 / 66 72 58 00
Telefax: 07 11 / 66 72 58 22
kundenservice@klett-kita.de

Gedruckt auf nachhaltigem, FSC-zertifiziertem Papier.

Für jedes Material wurden Rechte nachgefragt. Sollten dennoch an einzelnen Materialien weitere Rechte bestehen, bitten wir um Benachrichtigung.

Bibliografische Information der Deutschen Nationalbibliothek. Die Deutsche Nationalbibliothek verzeichnet diese Publikation in der Deutschen Nationalbibliografie. Detaillierte bibliografische Daten sind im Internet über http://dnb.d-nb.de abrufbar.

Bildnachweis

Layoutillustration
Kästen, Hintergründe und Rahmen: Freepik.de/Irikul, Bimbimkha | Tiere, Blumen und Pflanzen: Gettyimages.de/Color_life

Privataufnahmen
S. 26/29: Myriam Bork | S. 96: Nicole Schielberg

Shutterstock.com
S. 87: Fafarumba | S. 95: alslutsky

Gettyimages.de
S. 7: David Trood | S. 9: Kawin302 | S. 10: luoman | S. 11: proxyminder | S. 12: Joachim Berschauer | S. 14: Poncho | S. 18: Imgorthand | S. 19: Catherine Delahaye | S. 21: Lisa5201 | S. 23: chameleonseye | S. 24: Mariana Mikhaliova | S. 28: diephosi | S. 30: Andyworks | S. 35: foment | S. 36: Kativ | S. 38/39: wingmar | S. 40: lilu_foto | S. 42: elias.kordelakos | S. 44: SilviaJansen | S. 47: borchee | S. 49: HeikeRau | S. 50: Naturfoto Honal | S. 52: Daniel Milchev | S. 54: K_Thalhofer | ruiruito | S. 58: Maxleovyou | S. 60: Andyworks | S. 61: Darrell Gulin | S. 63: Menno van Dijk | S. 64: Tammy616 | S. 66: 007ea8_930 | S. 69: Ulrike Schmitt-Hartmann | S. 83: orensila, Henrik_L, jopelka, HaraldBiebel, dianazh, zoomstudio | S. 84: Iurii Garmash, filmfoto, stacy2010ua, versh, jopelka, xie2001 | S. 85: DianaLundin, Alter_photo, VIDOK, Joff Lee, Third Eye Images, Andreas Steidlinger | S. 86/87: Raimund Linke, Philartphace, SeppFriedhuber, Neil_Burton, DamianKuzdak, W. Wisniewski, Andrew Peacock, CreativeNature_nl, James Warwick, Greenoptix | S. 90: Stanley45 | S. 91: AtWaG, Andi Edwards, Ashley Cooper, Eileen Kumpf, dmf87, hannurama | S. 92: Chushkin, Naturfoto Honal, Reto Baenninger, Darrell Gulin, Gregory_DUBUS | S. 93: schnuddel, Nigel_Wallace, NNehring, ithinksky, doug4537, HansJoachim, WerksMedia | S. 94: emer1940, stocksnapper, Tommy Lee Walker, imagine-withme, Moncherie, itchySan, traveler1116, Martina Simonazzi, Andrew_Howe, Promo_Link | S. 95: Tammy616, whitewish, DavorLovincic, Leonid Eremeychuk, Ken Kiefer 2, Wild Europe Ascent Xmedia, PickStock, Viorika, Adam8

INHALT

LIEBE LESERINNEN & LESER,

Klimawandel, Artensterben, Regenwaldabholzung, Waldbrände, Überfischung, Plastikmüll im Meer – alles Stichworte unserer Zeit. Längst steht die Ampel unseres Planeten auf Rot und es ist höchste Zeit, dass wir etwas an unserem Verhalten verändern! Getan wird schon viel, doch noch nicht genug.

Für unsere Kinder und Enkel ist es wichtig, dass wir mit mehr Achtsamkeit und Köpfchen an die Probleme in den Bereichen Umwelt(-schutz) und Nachhaltigkeit herangehen – und schon unsere Kleinsten mit auf die Reise zurück zum lebenswerten Planeten nehmen.

Gerade im Kindergartenalter und im Kindergartenalltag lassen sich Umweltthemen vorleben und gemeinsam kindgerecht umsetzen. Ziel ist es, bei den Kindern Bewusstsein und Wertschätzung für die Natur zu schaffen, denn man kann nur schützen, was man gut kennt. Und wenn dabei die ganze Familie mit ins Boot geholt werden kann, wird aus einer kleinen Idee eine große Sache! Deshalb finden sich in der Reihe *Die Kita-Umwelt-Retter* neben wichtigen und spannenden Informationen zu den einzelnen Themen auch nachhaltige Ideen zur Umsetzung mit den Kindern. Außerdem gebe ich Ihnen Tipps mit, wie Sie Träger, Team und Eltern in einen Prozess hin zur umweltfreundlichen Kita einbeziehen.

Wichtig ist mir bei dieser Reihe, dass Sie, die Kita-Kinder und die Kita-Familien mit Spaß und Freude auf die Umweltschutz-Entdeckungstour gehen und für sich auswählen, was sich realisieren lässt. Bitte beachten Sie, dass nicht alles von heute auf morgen umgesetzt werden kann und muss. Nehmen Sie sich die Zeit, die Sie brauchen, setzen Sie die Dinge um, die zu Ihnen, Ihrer Einrichtung, Ihren Kindern und deren Familien passen, und genießen Sie die kleinen Erfolge, die sich nach und nach einstellen: beispielsweise die Reduzierung der Gelben Säcke, das Schrumpfen der Mülltütenanzahl oder die klugen Ratschläge der Kindergartenkinder, die sich immer mehr in diesem Thema auskennen werden.

Auf dieser Reise wünsche ich Ihnen viele schöne Momente, zahlreiche Aha-Erlebnisse und strahlende Kinderaugen!

Herzliche Grüße,
Ihre Claudia Hohloch

ZUR ARBEIT MIT DIESEM BUCH

Die Praxisratgeber der Kita-Umwelt-Retter-Reihe möchten Sie dabei begleiten, Ihren Kita-Alltag umweltfreundlich(er) zu gestalten und die Kinder und Eltern auf diese Reise mitzunehmen. Das Anliegen des Buches ist es, gemeinsam die Erde mit mehr Achtsamkeit und Wertschätzung zu behandeln.

Dafür darf das Wissen nicht zu kurz kommen: Zu jedem Kapitel gibt es wichtige, spannende und manchmal auch witzige Fakten aus dem Reich der Natur und der Tiere.

Für die praktische Umsetzung mit den Kindern halten die Kapitel zahlreiche kreative und nachhaltige Ideen bereit: Von Insektenhotels über Tierspuren-Memorys bis zur eigenen Teemischung – die Kinder lernen die Natur und ihre Umgebung mit allen Sinnen kennen. Die Ideen eignen sich für ein ganzes Projekt, können aber auch einzeln herausgegriffen werden – ganz nach den Interessen Ihrer Gruppe. Am Ende des Buches finden Sie einen Ideenpool mit noch mehr Spielen, Kreativ- und Sinnesangeboten mit und in der Natur.

Um den Kindern zu vermitteln, dass die Erde ein kostbarer Schatz ist, gibt es eine Schatzkiste. Das kann eine richtige kleine Holzkiste sein – im Anhang finden Sie aber auch eine Bastelschablone für eine Kiste aus Papier. Die Schatzkiste hält Natur- und Anschauungsmaterialien bereit, wodurch das jeweilige Thema noch (be-)greifbarer für die Kinder wird. Die Schatzkiste kann als Ritual im Projektkreis mit einbezogen werden und so die Kinder schon auf das Thema einstimmen.

Außerdem werden die Kinder von den beiden Umweltprofis Marie und Nick begleitet. Die Stabpuppen – die Kopiervorlagen hierfür finden Sie im Anhang – dienen als Ansprechfiguren, führen die Ideen mit einer kleinen Geschichte ein und sind Umweltschutz-Vorbilder. Mithilfe des Steckbriefs auf Seite 17 können Sie Marie und Nick den Kindern vorstellen.

Ihre Kinder sind wahre Umweltprofis? Ihr Wissen können sie bei einem Umweltschützer-Quiz unter Beweis stellen – das Umweltschützer-Diplom winkt! Eine Vorlage hierfür findet sich ebenfalls im Anhang.

Auch für Teamsitzungen und Elternabende zum Thema *Umweltschutz* sind Sie perfekt vorbereitet: mit Ideen zur gemeinsamen Umsetzung in der Kita und hilfreichen Checklisten.

UMWELTSCHUTZ

von Anfang an

TICKET

DIE SPUREN, DIE WIR HINTERLASSEN

Auswirkungen unseres Verhaltens auf die Erde

Die Natur bleibt im Gleichgewicht, wenn jedes Lebewesen nur genau so viel Nahrung aufnimmt, wie es braucht. Nur, wenn so viel Wasser verwendet wird, wie tatsächlich nötig ist, oder auch, wenn nur so viele Rohstoffe verbraucht werden, wie notwendig. Wenn jedoch mehr Lebensmittel, Kleidung oder andere Waren gekauft und konsumiert werden, wird zur Herstellung mehr Energie benötigt, werden mehr Güter ausgeschöpft und wird auch mehr Wasser verbraucht, als es eigentlich bedürfen würde. Eine einfache Rechnung: Für eine Tasse Kaffee brauchen Sie etwa 200 ml Wasser? Weit gefehlt: Tatsächlich sind es über 130 l! Der sogenannte *Wasserfußabdruck* von Konsumgütern bezieht den Anbau, die Herstellung, den Transport, den Handel usw., bis die Tasse Kaffee auf Ihrem Tisch steht, mit ein. Für einen Schuss Milch kommen dann übrigens noch einmal 80 l Wasser dazu.

SCHON GEWUSST?

Wissenschaftler schätzen, dass bereits 90 % aller Meeresvögel Plastikmüll aus den Ozeanen aufgenommen haben. Das Plastik verstopft den Magen der Tiere – die Vögel verhungern.

Unser Konsumverhalten geht nie spurlos an der Umwelt vorbei. Wird zu viel konsumiert, entsteht ein Ungleichgewicht, das sich in der Natur deutlich bemerkbar macht: Waldsterben, Klimawandel, Artensterben – all diese Umweltschäden gehen mit unserem Umgang mit der Natur einher.

MÜLL AM WEGESRAND

Landet dann zusätzlicher Schmutz und Müll in der Natur, leidet die Umwelt noch mehr. Sicherlich ist es ein guter Weg, Müll zu trennen. Doch besser ist es, Müll weitgehend zu vermeiden und die Natur wie einen kostbaren Schatz zu behandeln: mit Wertschätzung und Achtsamkeit. Leider findet sich immer wieder in der Natur zurückgelassener Abfall: am Wegesrand, im Wald oder sogar im Meer. Die giftigen Abfallstoffe gelangen in die Umwelt, wodurch Tiere und Pflanzen in Gefahr gebracht und auch der Lebensraum von uns Menschen bedroht wird. Um also das Leben von uns und unseren Kindern zu sichern, ist es wichtig, die Natur zu schützen: Ziel des Umweltschützers ist es, Natur, Pflanzen und Tiere zu bewahren.

DIE GRÜNE LUNGE DER ERDE: DER WALD

Ein Wald ist so viel: Ein Wald kann Ruhe- und Erholungsort sein. Wald ist Lebensraum für Tiere und Pflanzen. Wald kann Schatten bieten, Brennholz liefern oder Holz für Haus- und Möbelbau. Durch die tiefen Baumwurzeln halten die Wälder die Erde zusammen und speichern das Regenwasser. Aber vor allem verwandeln die Waldbäume das schädliche Kohlendioxid (CO_2) in Sauerstoff und sichern so unser Überleben.

Ohne den von den Bäumen erzeugten Sauerstoff ist ein Leben für den Menschen nicht möglich. Deshalb ist es wichtig, den Wald und seine Bewohner zu schützen. Durch nachhaltige Forstwirtschaft wird hier schon ein großer Beitrag geleistet, doch kann jeder Einzelne von uns noch mehr dazu beitragen:

- Papier achtsam verbrauchen
- nur Möbel kaufen, die tatsächlich gebraucht werden
- alte Möbel lieber verschenken als wegzuwerfen
- im Wald auf den vorgesehenen Wegen bleiben
- keinen Müll im Wald liegen lassen

Eine nachhaltige Forstwirtschaft unterstützt die natürliche Regenerationsfähigkeit und Stabilität des Waldes. Durch falsche Bewirtschaftung werden Wälder überansprucht – das hat man übrigens schon im Mittelalter erkannt: Holz für Schiffs-, Haus- und Möbelbau, Rodung für mehr Ackerfläche – Bäume und Wald waren eine wertvolle Ressource, aber schnell hat man bemerkt, dass diese Quelle sehr begrenzt und endlich ist und demnach besonders geschützt werden muss. Bereits 1560 wurde in der kursächsischen Forstordnung die Grundidee einer nachhaltigen Waldwirtschaft festgehalten. Hier wurde unter anderem beschlossen, dass nicht mehr Holz genutzt werden soll, als tatsächlich nachwächst.

Der Regenwald ist in Gefahr

Doch in der Realität sieht es heute oft anders aus: Der Regenwald ist unverzichtbar für unser Ökosystem. Jährlich schluckt beispielsweise der Amazonas-Regenwald 2 Milliarden Tonnen CO_2. Dennoch wird jede Minute eine Fläche in der Größe von 30 Fußballfeldern des Regenwaldes gerodet. 65 % der dadurch entstehenden Flächen werden allein zur Tierhaltung für die Fleischproduktion genutzt. Aber auch für die Produktion von Papier oder Möbeln aus Tropenholz werden die Bäume gefällt. Durch das Roden des Waldes geht ein wichtiger Bestandteil unseres Ökosystems verloren. Tierarten verlieren ihr Zuhause und indigene Völker werden vertrieben, was den Verlust von alten Kulturen und altem Wissen zur Folge hat.

SCHON GEWUSST?

Ein Baum im Regenwald, der bis zu 70 m hoch wachsen kann, braucht ca. 49 Jahre, um diese Höhe zu erreichen. Bis eine Eiche das erste Mal Eicheln trägt, können bis zu 40 Jahre vergehen.

Um diesen Prozess zu verlangsamen, kann jeder seinen Beitrag leisten:

- auf Fleisch verzichten (v. a. aus Brasilien oder Argentinien) oder zumindest auf regionale Produkte ausweichen
- keine Fertigprodukte kaufen – für den Anbau des darin enthaltenen Palmöls wird massiv Regenwald abgeholzt
- auf Möbel aus Tropenholz verzichten
- faire Produkte kaufen
- auf Plastikprodukte verzichten – zur Gewinnung von Erdöl, das zur Herstellung von Plastikprodukten genutzt wird, wird Regenwald gerodet

Der Amazonas-Regenwald ist als größter zusammenhängender Regenwald der Welt ein Paradies für Tiere. Nirgends ist die Artenvielfalt so groß und doch sterben durch die Rodung des Regenwaldes über 100 Tierarten aus – täglich!

LEBENSRÄUME IN UNSERER UMGEBUNG

Doch nicht nur der Wald ist in seiner Existenz bedroht: Die Räume, in denen Bäume, Büsche, Wiesen wachsen können, werden immer weniger. Durch Zerstörung von Flächen bzw. Flächenverluste (z. B. für Bauland oder die Landwirtschaft), Übernutzung oder Verschmutzung, drängen wir die Natur immer mehr zurück. Dabei weiß man: Mehr Bäume in den Großstädten würden die Temperaturen an überhitzten Sommertagen um bis zu 5 °C senken.

Auch für die Insekten wird es eng: In den letzten 30 Jahren hat sich die Masse der fliegenden Insekten um 75 % verringert. Als Ursache stehen hier Insektengifte, ein Rückgang der Wildkräuter und die intensive Landwirtschaft im Verdacht. Das ist ein drastischer Eingriff in unser Ökosystem, denn Insekten bestäuben unsere Pflanzen: Von 100 Pflanzenarten, die über 90 % der Nahrung der Menschen sicherstellen, werden 71 von Bienen bestäubt. Ohne die Bienen oder die anderen bestäubenden Insekten gehen die Obst- und Gemüseerträge stark zurück – manche Sorten sind sogar ganz auf Bestäubung angewiesen, wie zum Beispiel die Kakaopflanze.

SCHON GEWUSST?

Der Maikäfer-Engerling lebt 3 bis 5 Jahre unter der Erde. Nach Beendigung der Metamorphose gräbt sich der Maikäfer zwischen April und Mai aus. Als geschlechtsreifes Insekt lebt er dann noch 4 bis 7 Wochen. Nach der Begattung stirbt das Männchen. Das Weibchen stirbt nach der Eiablage.

Schon allein diese Erkenntnis macht deutlich, wie wichtig Insekten, insbesondere die Bienen, für uns Menschen und die Natur sind. Doch die Bestäubung ist nicht die einzige Aufgabe der Insekten: Sie dienen auch als Nahrung (z. B. für die Vögel) oder tragen dazu bei, dass die Erde so aufbereitet ist, dass Pflanzen wachsen und andere Tiere dort leben können, denn sie lockern die Erde und versorgen diese mit Nährstoffen. Außerdem können Insekten auch bei der Müllentsorgung mithelfen: Im Kompost zersetzen sie die Lebensmittelreste und im Wald die abgefallenen Äste, Zweige und Blätter. Sie können sogar alte oder kranke Pflanzen zum Absterben bringen und so dazu beitragen, dass diese nicht in die Nahrungskette von Tieren gelangen.

AUCH KLEINE SCHRITTE VERÄNDERN DIE WELT

8 Ruck-zuck-Umwelttipps

Viele Menschen haben das Gefühl, allein nichts ändern zu können. Doch das ist falsch! Jeder kann für sich selbst einen Aspekt auswählen, den er gern umsetzen möchte. Die nächsten Schritte werden dann von ganz allein kommen. Manche gehen auch gleich „aufs Ganze" und krempeln alles auf einmal um. Hierbei sollte allerdings beachtet werden: Wenn man sich aus Umweltschutz- und Gesundheitsgründen beispielsweise gegen die im Haushalt befindlichen Plastikdosen entscheidet, wäre es ein Fehler, diese wegzuwerfen und somit den Müllberg zu erhöhen. Besser wäre hier, die Plastikbehälter zu verschenken oder anderweitig zu nutzen (z. B. zur Aufbewahrung von Kleinteilen).

BIENENBLUMEN

Schon mit kleinen Ideen kann man Großes bewirken: Sie müssen nicht gleich einen ganzen Garten für Bienen anlegen – wie sollte das in einer Großstadt auch gehen. Aber: Mit einer insektenfreundlichen Blumenwiese, mit Blumenkästen oder -töpfen auf dem Balkon können viele fliegenden Insekten glücklich gemacht werden! Besonders beliebt bei fliegenden Insekten sind Bärlauch, Krokusse, Lavendel, Salbei, Sonnenblume oder auch Oregano.

Durch eine Änderung des eigenen Verhaltens verändert sich auch die Wahrnehmung der anderen auf einen. Jeder Einzelne kann etwas vorleben, Vorbild sein und das eigene Wissen an seine Mitmenschen (egal ob groß oder klein) weitergeben. Im Anhang finden Sie eine Checkliste, der Sie Anregungen entnehmen können, um Ihren Alltag umweltfreundlicher zu gestalten – den privaten wie auch den Kindergartenalltag. Bei den Ruck-zuck-Umwelttipps ist für jeden etwas dabei, das einfach umgesetzt werden kann. Im Anhang auf Seite 76 finden Sie die Tipps noch einmal als übersichtliche Checkliste, die Sie auch an die Eltern ausgeben können – wie viele Haken können Sie machen und verändert sich vielleicht etwas in Zukunft?

RUCK-ZUCK-UMWELTTIPPS

1 Wasser sparen? Hahn zudrehen!
Oft wird das Wasser laufen gelassen, obwohl es gar nicht gebraucht wird. Deshalb: beim Zähneputzen oder Händeeinseifen einfach den Hahn zudrehen und das Wasser sparen!

2 Fleischkonsum reduzieren!
Bei der Fleischherstellung kommt es zu einem hohen CO_2-Ausstoß, außerdem müssen Waldflächen weichen – lieber selten, dafür regionales Fleisch essen, oder ganz auf vegetarische Kost umsteigen.

3 Geräte richtig ausschalten!
Elektrogeräte ziehen auch im Stand-by-Modus Strom. Wer der Umwelt etwas Gutes tun möchte, stellt diese ganz aus oder zieht den Stecker und schaltet die Geräte wirklich nur dann ein, wenn sie tatsächlich gebraucht werden.

4 Auf unnötiges Verpackungsmaterial verzichten!
Bananen haben glücklicherweise schon eine Verpackung, auf einen Plastikbeutel drumherum kann daher getrost verzichtet werden. Ein Einweg-Kaffeebecher wird durch einen umweltfreundlichen Keramikbecher ersetzt und an der Wurst- und Fleischtheke können die Produkte vielerorts gleich in eigens dafür mitgebrachte Behältnisse eingepackt werden. Stoffbeutel nicht vergessen!

5 Auf Palmöl verzichten!
Palmöl trägt zur Vernichtung des Regenwaldes bei und sollte daher unbedingt vermieden werden. Gerade in Fertigprodukten, süßen Aufstrichen, aber auch in Seife oder Pflegeprodukten, findet sich das Öl – lieber auf alternative Produkte ausweichen!

6 Richtig lüften!
Mehrmals am Tag die Fenster ganz öffnen und für Durchzug sorgen – das ist viel effektiver als den ganzen Tag ein Fenster gekippt zu haben. Dadurch werden nur Kältebrücken geschaffen und während der Heizperiode wird unnötig Energie verschwendet.

7 Das Auto stehen lassen!
Kurz zum Bäcker oder die Kinder von der Kita abholen – mit dem Auto ist das praktisch. Doch oft braucht man gerade bei den Kurzstrecken mit dem Auto länger durch den Verkehrsdschungel als mit dem Rad oder zu Fuß. Übrigens lernen Kinder ihren Wohnort und die Verkehrsregeln zu Fuß viel besser kennen als aus dem Auto heraus.

8 Wäsche an der Luft trocknen!
Wer die Möglichkeit hat, sollte auf den Trockner verzichten und die Wäsche an der Luft trocknen lassen – das schont die Umwelt und den Geldbeutel.

UMWELTSCHUTZ IN DER KITA

In 4 Schritten zu mehr Nachhaltigkeit

Waldtage, Ausflüge, Bienenwochen – natürlich ist das Thema *Natur & Umwelt* in Ihrer Arbeit präsent, aber es soll nicht einfach bei Projekten bleiben, sondern Umweltschutz soll nachhaltig im Alltag gelebt werden! Veränderungen auf dem Weg zur umweltfreundlichen Kita erscheinen nicht immer so einfach: Verschiedene Interessen müssen vereinbart, Gegebenheiten beachtet werden. Der Träger, das Team und die Eltern müssen ins Boot geholt werden. Das kann eine Herausforderung sein, denn der pädagogische Alltag bleibt auch nicht stehen. Auf den folgenden Seiten finden Sie praktische Tipps, wie der Prozess angestoßen werden kann – am besten gehen Sie in 4 Schritten vor.

1

Abstimmung mit dem Träger

Da der Träger die Verantwortung für eine Einrichtung trägt, ist dieser von Anfang an mit einzubeziehen. Es kann gut sein, dass der Impuls zur umweltfreundlichen Kita sogar vom Träger selbst kommt. Sollte dies aber nicht der Fall sein, informieren Sie den Träger und stimmen sich mit ihm über die Möglichkeiten ab. Denn der Träger trägt nicht nur die Verantwortung, er stellt auch notfalls das erforderliche Budget zur Veränderung zur Verfügung oder unterstützt Fortbildungsmaßnahmen in diesem Bereich.

Abhängig davon, wie umfangreich Sie das Thema *Umweltschutz im Kindergarten* angehen möchten, kann es übrigens notwendig sein, das Leitbild der Kita anzupassen – und auch dies erfordert die Zustimmung durch den Träger.

2

Auseinandersetzung im Team

Vielleicht haben Teammitglieder selbst schon die Anregung gemacht, den Kita-Alltag umweltfreundlicher zu gestalten. Oder Sie haben nur

darauf gewartet, dass eine Person die Idee in die Teamrunde einbringt. Damit dieses spannende und vor allem wichtige Thema sinnvoll und dauerhaft umgesetzt werden kann, muss es intensiv im Team angegangen und eine mögliche Umsetzung besprochen werden. Nur wenn sich alle einig sind und an einem Strang ziehen, kann das Team viel bewegen.

Dabei gilt es, wichtige Fragen zu klären: Welches Know-how haben wir schon, wo brauchen wir vielleicht eine Fortbildung? Wie viel Budget benötigen wir und wie beziehen wir die Eltern ein? Als Unterstützung für Ihre Teamsitzung finden Sie im Anhang auf Seite 77 eine Checkliste mit diesen und weiteren Punkten zum Projektstart.

Durch das Beantworten der Fragen und die Dokumentation bekommt das Projekt Hand und Fuß – und was bisher nur als Idee existierte und aufwendig gewirkt hat, wird überschaubar und gut zu bewältigen.

3 Einbeziehen der Eltern

Im Kindergartenalltag wird üblicherweise an den Elternabenden und durch Elternbriefe über laufende Projekte informiert. Da das Thema *Umweltschutz* dann die meisten Früchte trägt, wenn die Kinder Gelerntes aus dem Kindergarten auch zu Hause wiederfinden, ist es ratsam, dazu einen eigenen Informationstermin anzusetzen. Auch zu diesem Schritt finden Sie im Anhang auf Seite 78 eine Checkliste, die Ihnen für die Elterninformation eine Hilfe sein soll.

In einer solchen Runde können Eltern dann ihre Fragen stellen, aber vielleicht auch noch selbst Anregungen und Ideen mit einbringen. Vielleicht ist eine der Eltern Imkerin und kann sich einen Kita-Besuch vorstellen? Vielleicht gibt es einen Förster unter den Eltern, der die Kinder zu einem Waldausflug mitnimmt? Manchmal sind auch handwerklich begabte Eltern dabei, die gern ein Insektenhotel mit den Kindern bauen möchten. Auf Anfrage werden sich sicherlich einige Eltern finden, die Sie gern bei Ihrem Projekt tatkräftig unterstützen!

Und der große Vorteil dabei: Bringen sich die Eltern selbst hier auch mit ein, werden sie mit mindestens genauso viel Eifer wie ihre Kinder an das Thema *Umweltschutz* herangehen!

4 Umsetzung mit den Kindern

Kinder stecken voller Ideen. Bezieht man die Mädchen und Jungen mit ein, blühen sie auf, fühlen sich wertgeschätzt und werden emotional gestärkt. Die Kinder können von Anfang an ihren Ideenreichtum mit einfließen lassen: zum Beispiel zum Start des Projekts durch eine Kinderkonferenz. Hier können sie ihr bereits vorhandenes Wissen einbringen und eigene Ideen zur Umsetzung nennen.

Die Ideen in diesem Buch sind darauf ausgelegt, dass Kinder die Natur und die Umwelt kennen- und schätzen lernen. In dieser Runde – oder zum Beispiel im Morgenkreis – kann dafür die Schatzkiste eingeführt werden, vielleicht schon mit dem ersten Mitbringsel zum Thema *Umweltschutz* oder aber auch mit Marie und Nick, den beiden Stabpuppen, die die Kinder mit ihrem Umweltschützer-Know-how auf ihrer Reise zum Umweltschützer begleiten werden. Nähere Informationen zu Marie und Nick und der Arbeit mit der Schatzkiste finden Sie auf den Seiten 5, 16 und 17.

DIE UMWELTPROFIS KOMMEN

Marie und Nick stellen sich vor

Marie und Nick sind Kinder, die sich dem Umweltschutz verschrieben haben. Sie möchten den Mädchen und Jungen in der Kita zeigen, wie Umweltschutz und Nachhaltigkeit funktionieren kann. Mithilfe der Steckbriefe stellen Sie Marie und Nick vor. Außerdem befinden sich im Anhang zwei Kopiervorlagen für Stabpuppen der beiden Umweltprofis. Einfach in Farbe kopieren und auf einen Holzstab kleben – schon können Marie und Nick bei den Projektideen eingesetzt werden und das Umweltprojekt noch lebendiger werden lassen. Auch für die Kinder können Kopien von Marie und Nick angefertigt werden – für ihre eigenen Projektunterlagen.

MARIE UND NICK, DIE UMWELTPROFIS

Schatzkiste:
Stabpuppen von Marie und Nick

Marie und Nick sind neu in eurem Kindergarten. Sie wollen sich heute erst einmal vorstellen (*Infos aus dem Steckbrief geben und evtl. Fragen kreativ beantworten*).
Die zwei haben auch ein ganz tolles Hobby: Sie sind Umwelt-Experten (*Kinder sagen lassen, was wohl ein Umwelt-Experte ist und was man dafür können muss*).
Marie und Nick wollen euch dabei begleiten, selbst Umwelt-Experten zu werden und werden uns jeden Tag/jede Woche neue Ideen rund um die Umwelt und die Erde mitbringen. In der Schatzkiste finden wir immer spannende Materialien, Bilder und Spiele (*zeigen*). Und sogar heute haben sie schon etwas für euch in die Kiste gepackt! Sollen wir mal hineinschauen?

STECKBRIEF Marie

- 5 Jahre alt
- braune Haare
- grüne Augen
- Lieblingsfarbe: Lila
- Hobby: spielt gern in der Natur
- ist Umwelt-Expertin
- hat ein Zwergkaninchen, um das sie sich sehr gut kümmert

STECKBRIEF Nick

- 5 Jahre alt
- blonde Haare
- braune Augen
- Lieblingsfarbe: Blau
- Hobby: baut im Garten gern Lager oder Höhlen
- ist Umwelt-Experte
- hat einen kleinen Hund, mit dem er viel Gassi geht

DAS UMWELTSCHÜTZER-QUIZ

Ihre Kinder sind richtige Umweltprofis? Dann haben sie sich ihr Umweltschützer-Diplom mehr als verdient! Zu den Inhalten in diesem Buch finden Sie hier ein Beispiel-Quiz und verschiedene Beispiel-Stationen, die vor der feierlichen Diplom-Übergabe durchlaufen werden.

Das Quiz sollte so gestaltet sein, dass alle Kinder in der Lage sind, es zu lösen. Die Fragen können in der Kindergartenrunde gestellt werden. Doch um nicht nur eine trockene Frage-Antwort-Situation zu schaffen, werden auch Stationen aufgebaut, an denen die Kinder ihr Wissen unter Beweis stellen können.

AUF DEM WEG ZUM UMWELTSCHÜTZER-DIPLOM: STATIONEN

Station 1: Naturmandala legen
Station 2: Tierspuren-Memory
Station 3: Blätter von Bäumen bestimmen
Station 4: Waldstockwerke-Puzzle

UMWELTSCHÜTZER-DIPLOM

Im Anhang findet sich eine Vorlage für ein Umweltschützer-Diplom. Nach dem Quiz oder der Bearbeitung der Themen kann dieses an alle Kinder ausgehändigt werden. Selbstverständlich sollen alle Kinder ein Diplom erhalten und sich so an die schönen Projekttage mit der Schatzkiste erinnern.

DAS UMWELTSCHÜTZER-QUIZ

- Kennst du die Bäume in unseren heimischen Wäldern? Nenne 3 Bäume, die in unserem Wald wachsen!
- Kennst du die Gefahren, denen der Wald ausgesetzt ist?
- Nenne mindestens 3 Tiere, die im Wald leben!
- Kannst du erklären, warum der Wald, die Bäume und Pflanzen so wichtig für uns sind?
- Welche Insekten kennst du?
- Welche Schmetterlinge hast du kennengelernt?
- Kannst du erklären, warum die Insekten so wichtig für uns sind?
- Wo haben wir Menschen uns was von der Natur abgeguckt?

Mehr unverpackt geht nicht – die Erdbeeren aus dem eigenen Garten

UMWELTSCHÜTZER-DIPLOM-PARTY

Kinder feiern gern – besonders, wenn es was zu feiern gibt! Und was kann ein schönerer Anlass sein, als eine Diplom-Übergabe? Doch als Umweltschützer achtet man natürlich auf umweltverträgliche Materialien für die Party.

Damit die Diplom-Übergabe im Sinne aller Umweltschützer stattfinden kann, im Folgenden ein paar Ideen für eine erfolgreiche Party:

- Einweggeschirr hat hier nichts zu suchen – das übliche Kindergartengeschirr kommt zum Einsatz.
- Girlanden? Natürlich! Mit aufgefädelten Blättern, Kastanien, Eicheln, Hagebutten …
- Was zum Essen und Trinken? Klar, mit Wasser aus Glasflaschen, ungesüßten Tees, Selbstgebackenem sowie frischem Obst und Gemüse – unverpackt natürlich!
- Servietten? Nur, wenn jedes Kind seine eigene Stoffserviette hat oder mitbringt.
- Tischdecken? Liebend gern – dann aber aus Stoff!
- Oder Tischsets? Warum nicht – aus Stoff für jedes Kind ein eigenes. Das kann dann auch noch individuell bemalt werden!

WALD- & Wiesenabenteuer

DER WALD

Ruheort, Entdeckerzone und Schutzraum im Grünen

In Deutschland und Europa gibt es viele verschiedene Waldarten: Hier sind **Laubwälder**, **Mischwälder** und **Nadelwälder** beheimatet. Weltweit finden sich noch **boreale Wälder** in Skandinavien (auch *Taiga* genannt), **Hartlaubwälder** in Südeuropa und **Trockenwälder** in Savannengebieten. Außerdem gibt es noch den **Tropischen Regenwald** in Süd- und Mittelamerika, Australien, Afrika, Südasien und Südostasien.
Je nach Klima und Bodenbeschaffenheit wachsen in den verschiedenen Wäldern die unterschiedlichsten Bäume. So ragen zum Beispiel die größten Bäume des Regenwaldes bis zu 60 m hoch – eine deutsche Eiche erreicht dagegen gerade mal 35 m Wuchshöhe. Genauso unterschiedlich wie die Bäume sind, sind auch die Tiere und Pflanzen, die in den jeweiligen Wäldern beheimatet sind.

DEN WALD ENTDECKEN

Rund ein Drittel der Gesamtfläche von Deutschland ist bewaldet. Der Wald bietet Lebensraum für Tiere und Pflanzen, reinigt die Luft von Schadstoffen, hält durch Wurzelwerk Erdflächen zusammen, unterstützt die Grundwasserreinigung, dient als Rohstofflieferant und gilt außerdem als Erholungsort.

Obwohl jeder Wald einem Eigentümer zugeordnet ist, ist das Betreten des Waldes zu Erholungszwecken (bis auf vereinzelte Ausnahmen) erlaubt, sodass Entdeckungsreisen in den Wald möglich sind. Und zu entdecken gibt es in den Wäldern wirklich viel – Walddetektive finden bestimmt:

- den größten Baum
- den dicksten Baum
- Bäume mit besonderem Wuchs
- verschiedene Blattsorten
- Höhlen und Verstecke
- die unterschiedlichsten Waldbewohner und deren Spuren
- Früchte des Waldes (essbare, giftige, zierende)
- Trampel- und Erlebnispfade

Gerade durch Entdeckungsreisen mit Kindern und Familien kann eine Verbundenheit mit der Natur geschaffen werden, die dabei unterstützt, die Natur schützen zu wollen und dafür auch etwas zu tun.
Entdeckungsreisen in den Wald können allein, in der Gruppe oder aber auch mit einem Förster oder Naturführer stattfinden – bei geführten Exkursionen können dann vielleicht sogar richtige Naturexperten noch etwas lernen.

SCHON GEWUSST?

Der höchste Baum der Erde steht im kalifornischen Redwood Nationalpark. Der Küstenmammutbaum *Hyperion* ist 116 m hoch.

WARUM DER WALD SO WICHTIG FÜR UNS IST

Der Wald hat 3 Hauptfunktionen: Er bietet Nutzen, Schutz und Erholung.

- In erster Linie binden Bäume das Kohlendioxid in der Luft und produzieren Sauerstoff – man nennt den Wald nicht umsonst die grüne Lunge der Erde. Durch extreme Trockenheit, Klimawandel und Überforstung ist der Wald – und damit unser größter Sauerstofflieferant – in Gefahr.
- Auch zum sauberen Grundwasser leisten Wälder ihren Beitrag: Durch den sauberen Waldboden – frei von Pestiziden – wird das Regenwasser gereinigt.
- Außerdem liefert der Wald Materialien für Haus- und Möbelbau, er ist Brennholz- und Wildfleischlieferant.
- Schutz bietet er für die Tiere, die dort beheimatet sind, und unterstützt so die Artenvielfalt.
- Und nicht zu vergessen: Als Erholungsort für uns Menschen bietet der Wald die Möglichkeit zu einer kleinen Auszeit in hektischen Zeiten. Aber auch als Freizeit- und Ausflugsort dienen unsere Wälder. Viele Studien geben deutliche Hinweise darauf, dass ein **Aufenthalt im Wald Stress reduziert** und entspannt. Ein Spaziergang im Grünen lässt das Herz messbar ruhiger schlagen, den Blutdruck sinken und die Muskeln entspannen.

UNTERM BLÄTTERDACH

Bäume anhand ihrer Blätter bestimmen

Der Wind verfängt sich in ihm und im Herbst wird es wunderschön bunt – anhand ihres Laubs lassen sich die zugehörigen Bäume leicht benennen So lernen die Kinder die Bäume am schnellsten kennen. Die Bestimmungsfotos im Anhang (S. 83) helfen ihnen bei der Zuordnung. Übrigens: Bäume haben entweder Blätter oder Nadelblätter. Letztere sind aufgrund von Trockenheit speziell angepasste Blätter. Laubblätter werden aktiv vom Baum abgetrennt, damit der Baum im Winter nicht vertrocknet. Auch Nadeln fallen nach 2 bis 5 Jahren ab.

DIESE BÄUME SIND BEI UNS HEIMISCH

- Fichte
- Eiche
- Kiefer
- Lärche
- Buche
- Tanne
- Linde
- Kastanie
- Ahorn
- Esche
- Ulme
- Birke

ANSCHAUUNGSBILDER AUF S. 83/84

MARIE UND NICK – DIE LAUBEXPERTEN

Schatzkiste:
verschiedene getrocknete Blätter oder Bilder von Blättern (Kopiervorlage 5: *Unterm Blätterdach*)

Marie und Nick spielen und toben gern in der Natur – auch im Wald sind sie gern und viel unterwegs. Wisst ihr denn, weshalb ein Wald so wichtig ist? *(Kinder erzählen)*
Marie und Nick haben schon viele Bäume kennengelernt – manchmal können ihre Eltern ihnen etwas zu den Bäumen erklären. Aber auch mit dem Förster haben sie bereits den einen oder anderen Ausflug gemacht und einige getrocknete Blätter mitgebracht *(getrocknete Blätter aus der Schatzkiste holen und auf dem Boden verteilen)*. Wer kann ein Blatt erkennen? Wer weiß, zu welchem Baum das Blatt gehört?

KREATIVE UMSETZUNG: BLÄTTERPLAKAT

Material:
1 großes Blatt Tonpapier (A0 oder A1), viele verschiedene Blätter von Bäumen, Edding, Klebestift

Die Kinder dürfen der Reihe nach immer ein Baumblatt auswählen und benennen, zu welchem Baum es gehört. Das Blatt wird dann auf das Plakat geklebt und von Ihnen beschriftet. Titel des Plakats könnte sein: *Diese Bäume kennen wir schon!*

SCHON GEWUSST?

Der dickste Baum ist mit 58 m Stammesumfang eine Mexikanische Sumpfzypresse in Santa Maria del Tule in Mexiko.

VOR LAUTER BÄUMEN DEN WALD NICHT SEHEN

Weitere Waldpflanzen kennenlernen

Im Wald gibt es natürlich nicht nur Bäume: Krautpflanzen und Sträucher sind wichtiger Bestandteil der mittleren und unteren Vegetationsschicht des Waldes. Sträucher und Krautpflanzen bieten Schutz und Platz für Schmetterlinge, Raupen, Käfer, Mäuse, Bienen und Würmer. Und auch Rehe und Vögel finden in den Sträuchern Schutz und Nahrung.

TYPISCHE PFLANZEN UND KRÄUTER IM WALD

- Farne
- Gräser
- Kräuter
- Blumen
- Hagebutte
- Himbeere
- Brombeere
- Schlehe
- Weißdorn

ANSCHAUUNGSBILDER AUF S. 85

LECKERES AUS DEM WALD

Schatzkiste:
Blätter, Zweige und Früchte von verschiedenen Sträuchern des Waldes, Anschauungsbilder (Kopiervorlage 6: *Pflanzen des Waldes*)

Marie und Nick sind gern im Wald unterwegs und haben verschiedene Zweige und Blätter gefunden. Können die Kinder zuordnen, wie die Früchte heißen? Welches Blatt gehört zu welchem Strauch? Welches Tier findet Platz unter welchen Sträuchern? Können auch wir Nahrung im Wald finden?

KREATIVE UMSETZUNG: BEERENSALAT

Material:
(Wald-)Beeren (Himbeeren, Brombeeren, Stachelbeeren ...), evtl. Joghurt, Löffel, Messer, Schüsseln

Sammeln Sie gemeinsam bei einem Spaziergang wilde Beeren (notfalls kann man sie auch im Supermarkt kaufen). Die Kinder waschen die Beeren gründlich und schneiden sie bei Bedarf klein. Wer mag genießt sie mit Joghurt. Die Kinder erfahren so unmittelbar, dass der Wald uns mit Nahrung versorgt.

SCHON GEWUSST?

Zu den Beeren zählen nicht nur die kleinen, süßen Früchte mit kräftiger Farbe, wie zum Beispiel Erdbeeren, Brombeeren oder Heidelbeeren. Zu den Beeren werden auch Kiwis, Papayas, Bananen, Zitrusfrüchte oder viele Nachtschattengewächse wie Paprika und Tomaten gezählt.

KÄFER, PILZE UND DER MENSCH

Gefahren für den Wald

Unser Wald ist vielen verschiedenen Gefahren ausgeliefert. Der Mensch spielt dabei eine große Rolle, aber auch die Natur hält einiges an Herausforderungen für den Wald bereit:

- Borkenkäfer
- Wildschäden
- Sturmschäden
- schädliche Pilze
- Trockenheit
- Waldbrand
- Klimawandel

Ist ein Baum gesund und stark, kann er diesen Widrigkeiten einiges entgegensetzen, doch leidet ein Baum bereits an einem Befall oder einem anderen Schaden, setzen ihm weitere Gefahren schneller zu. Dann wird der Baum eventuell krank und muss gefällt werden.

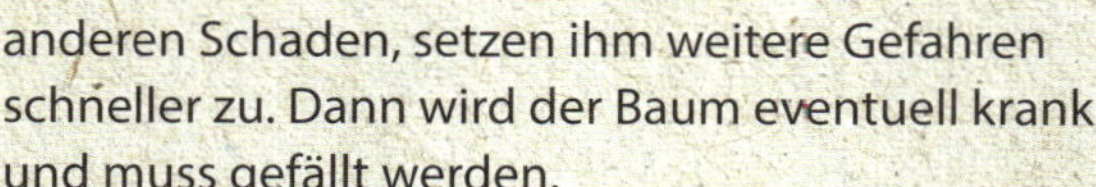

Besonders durch die starke Trockenheit der letzten Jahre und den Klimawandel sind viele Wälder und auch die Bäume außerhalb der Wälder sehr geschwächt und anfällig. Durch die milden Winter der letzten Jahre konnten sich die Borkenkäfer so rasant vermehren, dass sie zu einer regelrechten Plage geworden sind und vor allem Fichtenwälder zerstören.

Gesunde Baumbestände schützen den ganzen Lebensraum Wald. Wer bei Waldspaziergängen seinen Müll wieder mit nach Hause nimmt und seinen Beitrag für den Umweltschutz leistet, kann so schon etwas für unsere Wälder tun.

Borkenkäferwege

SO KANN DER WALD GESCHÜTZT WERDEN:

- professionelle Waldpflege: kranke Bäume werden entnommen und so wird ausreichend Platz für gesunde Bäume geschaffen
- die richtige Baumartenwahl: nicht jeder Baum kommt mit jedem Boden zurecht
- den Wald sauber halten
- beim Spaziergang durch den Wald auf den vorgesehenen Wegen bleiben
- durch Umweltschutz dem Klimawandel entgegenwirken

SCHON GEWUSST?

Laubbäume werfen ihre Blätter ab, damit sie die Kälte im Winter überstehen. Wenn das Wasser im Boden gefriert, kann der Baum die Blätter nicht mehr versorgen und zieht alle Nährstoffe aus dem Laub heraus. Anschließend verschließt der Baum die Blattstiele. Was passiert? Die Blätter werden nicht mehr mit Wasser versorgt und welken – und erscheinen dabei in ihren prächtigsten Farben. Im Frühling sammelt der Baum dann mit den ersten warmen Sonnenstrahlen alle seine Kräfte und lässt neue Knospen und Blätter entstehen. Die Nadeln von Nadelbäumen hingegen sind viel besser gegen die Kälte geschützt. Der Frost kann ihnen nicht viel anhaben und daher bleiben sie einfach am Baum.

AUF SPURENSUCHE

Die Tiere des Waldes

Der Wald dient vielen verschiedenen Tieren als Lebensraum. Sie finden dort Nahrung, Schutz und Raum. Jedes Tier hat anderswo seinen eigenen Platz im Wald: In der Baumkrone oder im Gestrüpp und auch unter der Erde. Wenn man genau hinsieht, findet man überall ihre Spuren. Mit einem Tierspuren-Memory lernen die Kinder die Tiere des Waldes kennen.

SCHON GEWUSST?

Viele Menschen glauben, dass die Anzahl der Enden eines Hirschgeweihs dessen Alter angibt. Doch das stimmt nicht. Die Zahl der Enden ist ernährungstechnisch und genetisch bedingt.

DIESE TIERE FINDET MAN HÄUFIG IN UNSEREN WÄLDERN

- Fuchs
- Hase
- Igel
- Reh
- Wildschwein
- Marder
- Dachs
- Eule
- Rotkehlchen
- Maus

ANSCHAUUNGSBILDER AUF S. 86

MARIE UND NICK AUF DEN SPUREN DER TIERE

Schatzkiste:
Bilder von Waldtieren (Kopiervorlage 7: *Tiere des Waldes*) oder Figuren von Waldtieren, Kopiervorlage 8: *Tierspuren-Memory*

Marie und Nick sind ja viel im Wald unterwegs und sind dort auch schon einigen Tieren begegnet. Habt ihr eine Idee, welche Tiere das sein können? *(Kinder zählen verschiedene Waldtiere auf - die genannten Tiere werden entweder dann auf den Bildern gezeigt oder als Tierfigur in die Mitte gelegt)*
Wenn sich die Tiere durch den Wald bewegen, hinterlassen sie Spuren. Diese können wir den Tieren eindeutig zuordnen. Marie hat uns Bilder mit den Spuren der Tiere im Wald mitgebracht - wer von euch erkennt denn schon eine Spur? *(gemeinsam werden die Spuren des Memory-Spiels zugeordnet)*

KREATIVE UMSETZUNG: KINDERSPUREN LESEN

Material:
Salzteig (für ca. 10 Kinderhände): 2 Tassen Mehl, 2 Tassen Salz, Tasse Wasser, evtl. Acrylfarben, Pinsel

Aus den Zutaten einen Teig machen. Jedes Kind bekommt eine Teigkugel, die es knetet und dann darin einen Handabdruck von sich verewigen darf. Die Handabdrücke werden anschließend bei 150 °C ca. 40 min gebacken. Nach dem Abkühlen können sie noch mit Acrylfarbe bemalt werden. Können die Mädchen und Jungen erraten, welches Kind hier seine Spur hinterlassen hat? Welcher Abdruck gehört zu wem?

KRAUT, STRAUCH UND BODEN

Lebensräume verstehen

Der Wald bietet Lebensraum für Pflanzen und Tiere. Die Ebenen, auf denen die Pflanzen und Tiere beheimatet sind, werden in Schichten aufgeteilt. Oft spricht man bei den Schichten auch von Stockwerken, da jede Schicht ihre eigene Höhe hat. Jedes Stockwerk bietet besondere Eigenschaften, die unterschiedliche Tiere und Pflanzen ansprechen. So sind in der Bodenschicht ganz andere Tiere und Pflanzen anzutreffen als zum Beispiel in der Baumschicht.

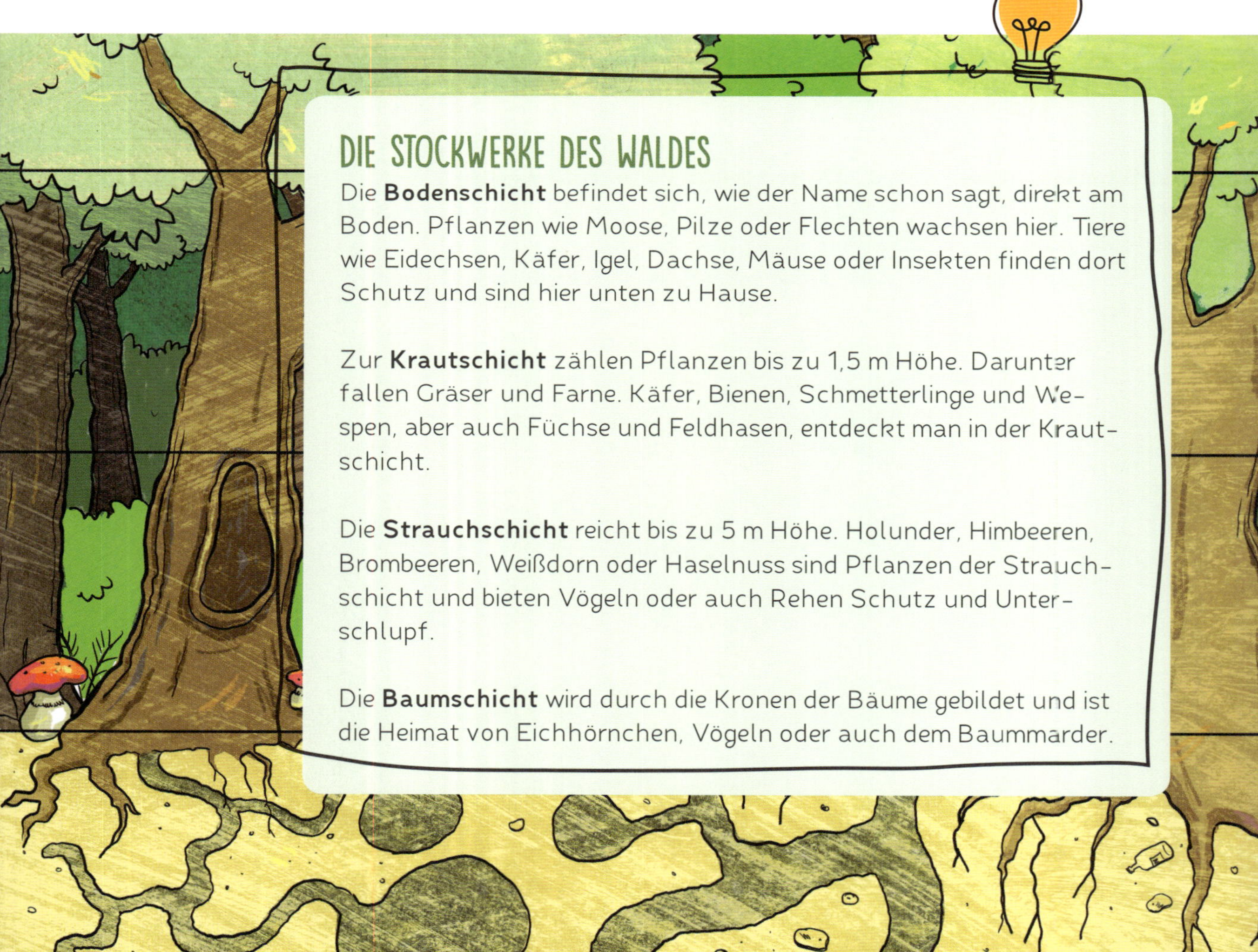

DIE STOCKWERKE DES WALDES

Die **Bodenschicht** befindet sich, wie der Name schon sagt, direkt am Boden. Pflanzen wie Moose, Pilze oder Flechten wachsen hier. Tiere wie Eidechsen, Käfer, Igel, Dachse, Mäuse oder Insekten finden dort Schutz und sind hier unten zu Hause.

Zur **Krautschicht** zählen Pflanzen bis zu 1,5 m Höhe. Darunter fallen Gräser und Farne. Käfer, Bienen, Schmetterlinge und Wespen, aber auch Füchse und Feldhasen, entdeckt man in der Krautschicht.

Die **Strauchschicht** reicht bis zu 5 m Höhe. Holunder, Himbeeren, Brombeeren, Weißdorn oder Haselnuss sind Pflanzen der Strauchschicht und bieten Vögeln oder auch Rehen Schutz und Unterschlupf.

Die **Baumschicht** wird durch die Kronen der Bäume gebildet und ist die Heimat von Eichhörnchen, Vögeln oder auch dem Baummarder.

IM ERDGESCHOSS WOHNT DIE MAUS

Schatzkiste:
Bilder von Waldtieren (Kopiervorlage 7: *Tiere des Waldes*) oder Figuren von Waldtieren, Kopiervorlage 9: *Waldstockwerke*

Verschiedene Tiere brauchen unterschiedliche Unterkünfte. Die Stockwerke des Waldes erinnern an die Stockwerke eines Hochhauses. Marie und Nick kennen sich schon gut aus und wissen, in welcher Schicht, in welchem Stockwerk, die Tiere zu Hause sind. Nick weiß zum Beispiel, dass die Maus ganz unten in der Bodenschicht zu Hause ist. Doch wo können wir das Rotkehlchen finden? *(Kinder geben einen Tipp ab; auch die anderen Tiere werden ihrem Lebensraum zugeordnet)* Können wir auch die anderen Tiere des Waldes zuordnen?

KREATIVE UMSETZUNG: WER IST WO ZU HAUSE?

Material:
Kopiervorlage 10: *Wer ist wo zu Hause?*, Stifte, Schere, Klebestift

Kopieren Sie für jedes Kind die Kopiervorlage. Die Kinder malen die Bilder auf dem Blatt aus und schneiden diese dann aus. Danach werden die Tierbilder gemeinsam den richtigen Stockwerken zugeordnet und aufgeklebt.

SCHON GEWUSST?

Ein Buchenwald gibt 3,6 Millionen Liter Wasser bei einer Fläche von 1 ha ab, ein Fichtenwald sogar bis zu 3,9 Millionen Liter. Somit zählen Bäume zu den wichtigsten Klima-regulatoren.

TIERE IN GEFAHR

Wie Waldtiere geschützt werden können

Auch die Waldtiere sind Gefahren ausgesetzt, die das Gleichgewicht der Arten stören. Zum Beispiel:

- **Waldbrände** zerstören den Lebensraum der Tiere und können auch deren Leben selbst in Gefahr bringen.
- Durch den **Siedlungsbau** müssen immer wieder Waldflächen weichen, um so Platz für den Hausbau zu schaffen. Dadurch wird der Lebensraum der Tiere stark verkleinert und das Näherrücken der Menschen verursacht den Tieren Stress.
- Auch wenn das **Jagen** zum Gleichgewicht der Arten beitragen soll, ist dies selbstredend eine direkte Gefahr für die Tiere. Durch klare Auflagen sollen negative Auswirkungen durch das Jagen verhindert werden.
- Die **Landwirtschaft** stellt ebenfalls eine Gefahr für die Waldtiere dar. Zum einen durch den Einsatz von Pestiziden, denn die Gifte tragen dazu bei, dass die Insekten ihre Orientierung verlieren können, geschwächt werden und sterben. Zum anderen kommt es immer wieder vor, dass sich Rehkitze, Hasen und Vögel im hohen Gras verstecken und dann leider von Erntemaschinen erfasst werden.
- Und auch **eingewanderte Tiere**, wie zum Beispiel der Waschbär, können zur Gefahr der heimischen Waldtiere werden, da diese oft durch das Fehlen eines natürlichen Feindes zu starken Konkurrenten werden.

SCHON GEWUSST?

Viele Förster freuen sich, wenn Kastanien oder Eicheln als Wildfutter für den Winter abgegeben werden. Fragen Sie einfach mal nach – vielleicht kann die Kita so noch einen besonderen Beitrag zum Schutz der Waldtiere leisten!

WAS KANN ICH ZUM SCHUTZ UNSERER WALDTIERE TUN?

- auf den vorgesehenen Waldwegen bleiben – das Verlassen der Wege kann die Krautschicht und den Lebensraum der dort lebenden Tiere zerstören
- Hunde anleinen – auch wenn nicht in jedem Bundesland im Wald Leinenpflicht herrscht: wenn Hunde ihrem natürlichen Jagdtrieb nachgehen, scheuchen sie die Waldtiere auf und bringen sie in Gefahr
- Ameisenhaufen nicht zertrampeln
- Vogelnester nicht zerstören oder als „Erinnerungsstück" einsammeln
- Tiere nicht füttern – auch wenn man es gut meint: oft vertragen die Tiere das Futter nicht und werden krank
- Tiere nicht streicheln – vor allem nicht die Jungtiere, die nach Kontakt mit den Menschen nicht mehr von der Mutter angenommen werden
- Müll und Verpackungsmaterialien immer mit nach Hause nehmen

Immer auf dem Weg bleiben!

RASCHELN, RAUSCHEN, KNACKEN

Die Geräusche des Waldes

Viele Menschen ziehen sich in den Wald zurück, um dort Ruhe, Entspannung und Erholung zu finden. Doch ganz still ist es auch hier nicht. Die meisten Geräusche, die sich im Wald finden, werden aber als entspannend und angenehm empfunden. Es gibt sogar Entspannungs-CDs, die diese Geräusche wiedergeben. Bei einem Waldspaziergang können die Kinder ganz genau hinhören: Was nehmen sie wahr? Und wie fühlen sie sich dabei?

WAS HÖRST DU?

- Knacken im Unterholz
- Vogelgezwitscher
- Käckern eines Eichhörnchens
- Wind, der durch die Blätter pfeift
- Plätschern eines Baches
- einen herabfallenden Zweig

MARIE UND NICK MACHEN GANZ GROßE OHREN

Viele Erwachsene gehen im Wald spazieren, um dort Ruhe und Entspannung zu finden. Doch ist es dort wirklich nur still? Marie und Nick fallen da gleich ganz viele Geräusche ein, die man trotzdem hören kann – habt ihr auch Ideen? *(Kinder zählen Geräusche des Waldes auf)* Und wie empfindet ihr diese Geräusche? Sind sie eher störend oder angenehm? Machen sie vielleicht auch Angst oder fühlt ihr euch ganz wohl?

KREATIVE UMSETZUNG: WALDMANDALA

Material:
Naturmaterialien vom letzten Waldspaziergang, Kerze, Klangschale

Die Naturmaterialien werden auf dem Boden verteilt. In der Mitte wird eine große Fläche ausgespart. Dort wird eine Kerze als Mitte für das Mandala platziert. Mit der Klangschale wird das Startsignal gegeben. Nun sind alle Kinder mucksmäuschenstill und dürfen reihum ein Naturmaterial um die Kerze platzieren. Am Ende darf das Mandala gemeinsam bewundert werden. Die Ruhe und Stille des Waldes kann so auch in den Gruppenraum geholt werden.

SCHON GEWUSST?

Die Hörspanne eines Menschen mit einem normalen Gehör umfasst einen Bereich von 20 bis 20 000 Hertz (Hz). Hertz gibt die Zahl der Schwingungen/Frequenz eines Tons pro Sekunde an. Hohe Frequenz = hoher Ton. Im Tierreich haben Fledermäuse und Delfine das beste Hörvermögen: Sie nehmen Töne bis 200 000 Hz wahr!

WIESEN, PARKS UND MEHR

Lebensräume in unserer Umgebung

Wiese – bei dem Wort denken viele erst einmal an grüne Flächen. Doch auch hier gibt es Unterschiede! So gibt es die klassische **Blumenwiese** und die **Magerwiese**, die auf nährstoffarmem Boden Kraut- und Halbstrauchpflanzen beheimatet. Eine **Fettwiese** dagegen ist sehr nährstoffreich (z. B. aufgrund von Düngung). Der **Trockenrasen** ist trocken und nährstoffarm und **Feuchtwiesen** sind in der Nähe von Bächen und Flüssen zu finden. Die **Salzwiesen** sind an strömungsarmen

Flachküsten gelegen. Die dort beheimateten Pflanzen und Tiere sind stark an die Überflutung und den hohen Salzgehalt des Meeres angepasst.

Jede Wiesenform bietet also für die jeweiligen angepassten Tiere eine Heimat: Maulwürfe, Mäuse oder Regenwürmer etwa finden ihr Zuhause auf der Blumenwiese in unterirdischen Gängen, die dann durch ihre Anwesenheit auch andere Tiere, wie z. B. Füchse, anlocken.

In den Gräsern und Blüten finden Insekten ihre Nahrung und Heimat – und wenn es irgendwo Insekten gibt, sind auch die Vögel nicht weit.

Und auch der Mensch genießt die grünen Flecken Erde – als Rückzugsort, zum Entspannen, um zur Ruhe zu finden oder um dem sanften Summen und Surren zu lauschen und sich ganz eins mit der Natur zu fühlen. Gerade in den Städten ist es schwierig, grüne Oasen zu finden und nicht jeder hat einen Garten.
Daher ist es kein Wunder, dass Parkanlagen so gut besucht sind und besonders an den Wochenenden und abends größte Beliebtheit genießen. Das sieht man schon daran, dass allein Berlin über 2 500 Parks verfügt und dadurch 20 000 bis 30 000 Tierarten Lebensraum und dem Menschen Entspannungsplätze bietet.

SCHON GEWUSST?

Auch die Wiese wird, wie der Wald, in Stockwerke aufgeteilt: in die Bodenschicht, Streuschicht, Blatt- und Stängelschicht sowie die Blütenschicht. In jedem Stockwerk sind andere Lebewesen beheimatet.

ZWISCHEN BROMBEERHECKE UND TOMATENSTRAUCH

Was alles in unseren Gärten wächst

Bäume und Sträucher, Hecken und Gräser, Kräuter und Blumen – es gibt so viele verschiedene Pflanzen, die uns auf so vielfältige Weise von Nutzen sind. Pflanzen bieten Lebensraum, tragen zur Ernährung von Mensch und Tier bei, können Schutz gewähren oder zur Heilung beitragen. Einige werden in diesem Kapitel vorgestellt.

VIELFÄLTIGE PFLANZENWELT

- Bäume: Blütenbäume, Obstbäume, Nadelbäume, Laubbäume ...
- Sträucher: Blütensträucher, Fruchtsträucher, Dornensträucher ...
- Hecken: Blütenhecken, Dornenhecken, Immergrün, Schmetterlingshecke, Vogelhecke ...
- Gräser: Ziergräser, Bambus, Getreide, Schilf ...
- Blumen: Schnittblumen, Zwiebelblumen, Wildblumen, Gartenblumen, Wiesenblumen ...
- Kräuter: Teekräuter, Wildkräuter, Salatkräuter Heilkräuter ...
- Gemüse: Wurzelgemüse, Hülsenfrüchte, Sprossen ...
- Sporenpflanzen: Flechten, Farne, Moose ...

IM GARTEN IST WAS LOS

Schatzkiste:
verschiedene Pflanzen oder Teile von Pflanzen (Blumen, Kräuter, Sträucher ...)

Nicht nur im Wald gibt es viele verschiedene Pflanzen zu erkunden – auch im Kita-Garten oder im Park machen Marie und Nick immer wieder spannende Entdeckungen! Hinter manchen Pflanzen kann man sich zum Beispiel total gut verstecken – kennt ihr auch solche Pflanzen? *(Kinder dürfen aufzählen – vielleicht gibt es in der Kita ja auch eine tolle Verstecker-Hecke?)*
Im Gemüsegarten wird geschnuppert: Kann man an der Gemüsepflanze schon riechen, was da mal wachsen wird? Marie und Nick haben noch einige Pflanzenteile in der Schatzkiste mitgebracht – nun dürft ihr je ein Pflanzenteil aus der Kiste holen und erzählen: Wonach riecht es? Wie heißt wohl die Pflanze? Kann man sie essen, trinken, darauf klettern, sich verstecken, was daraus bauen?

KREATIVE UMSETZUNG: PFLANZENPLAKAT

Material:
Plakatpapier, getrocknete Pflanzen, Edding, Klebestift

Gemeinsam mit den Kindern werden die getrockneten Pflanzen benannt und auf das Plakat geklebt. Dort werden die Namen aufgeschrieben. Manche Pflanzen sind giftig – dies kann man mit einem Symbol kennzeichnen. Auch die Pflanzennamen lassen sich mithilfe von Zeichnungen benennen.

SCHON GEWUSST?

Nach der botanischen Definition zählen Pilze nicht zu den Pflanzen, weil sie sich von organischen Stoffen (z. B. abgestorbenen Pflanzenresten) ernähren. Außerdem betreiben sie keine Fotosynthese. Da sie, wie Mensch und Tier, von bereits vorhandener Biomasse leben, die ein anderes Lebewesen produziert hat, sind sie den Tieren näher als den Pflanzen.

VON DER SAAT ZUR PFLANZE

Einen eigenen Baum ziehen

Einen eigenen Baum pflanzen? Kein Problem: Um einen Baum zu ziehen, braucht es nur dessen Saat. Besonders gut geeignet sind Eicheln, Bucheckern, Kastanien oder Zapfen. Doch auch ein Apfelbaum lässt sich mithilfe eines Kerns ziehen. Alle heimischen Saaten benötigen zuerst eine Kälteperiode, um zu keimen. Daher ist eine Aussaat im Herbst sinnvoll. Die Kältephase kann aber auch künstlich herbeigeführt werden, indem die Saat für mindestens 4 bis 6 Wochen im Kühlschrank im Gemüsefach gelagert wird. Hat der Samen angefangen zu keimen, kann dieser in weiche Erde gesetzt werden.

EINEN BAUM ZIEHEN – IN 10 SCHRITTEN!

1. Saat auswählen
2. Keimung vorbereiten (z. B. im Kühlschrank)
3. Saatkiste oder -schale mit einem Gemisch aus Aussaaterde und Sand füllen
4. Aussaatfurchen ziehen
5. Samen mit genügend Platz in die Furchen legen (Platzbedarf hängt von der Größe der Saat ab)
6. Samen mit einer dünnen Schicht Erde bedecken
7. Aussaatkiste gut wässern und nach draußen stellen
8. Gut entwickelte Sämlinge in einzelne Töpfe setzen oder auspflanzen
9. Regelmäßig gießen
10. Mit viel Geduld den Baum beim Wachsen beobachten

MARIE, NICK UND DER APFELBAUM

Schatzkiste:
verschiedene Baumsaaten (Eicheln, Zapfen, Apfelbaumkerne, Pfirsichkerne ...)

Marie und Nick haben einen Kletter-Kirschbaum bei sich im Garten. Der alte Kirschbaum ist ihr Lieblingsbaum – sie klettern für ihr Leben gern und außerdem hängen die leckersten Kirschen an ihrem Baum! Welche Bäume mögt ihr am liebsten? *(Kinder erzählen)* Und was könnt ihr aus den Früchten der Bäume machen? *(Kinder erzählen)*
Marie und Nick wollen gern einen eigenen Baum pflanzen und haben hierfür verschiedene Saatensorten mitgebracht. Wisst ihr, welche Saat zu einem Obstbaum und welche zu einem Waldbaum gehört? *(Kinder sortieren die Saaten nach Obst- und Waldbaumarten)* Könnt ihr vielleicht sogar sagen, welcher Baum sich in der Saat versteckt? *(Kinder teilen ihr Wissen mit)* Wisst ihr auch, was eine Pflanze zum Wachsen braucht?

KREATIVE UMSETZUNG: WIR PFLANZEN EINEN BAUM

Material:
Anzuchterde, Sand, Schalen, Saaten

Nach der Anleitung kann jedes Kind eine Schale mit einer Baumsaat ziehen. Das Pflänzchen ist auch eine schöne Erinnerung an die Kindergartenzeit oder kann zu einem besonderen Anlass an die Eltern übergeben werden und im eigenen Garten einziehen.

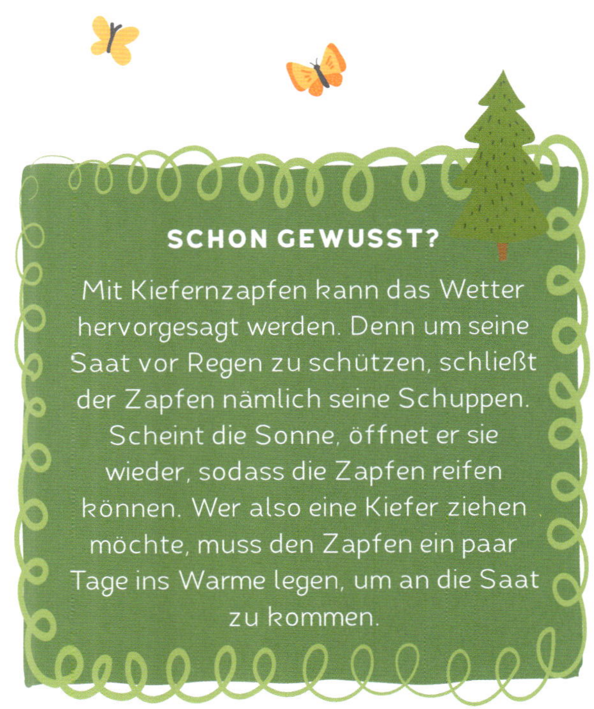

SCHON GEWUSST?

Mit Kiefernzapfen kann das Wetter hervorgesagt werden. Denn um seine Saat vor Regen zu schützen, schließt der Zapfen nämlich seine Schuppen. Scheint die Sonne, öffnet er sie wieder, sodass die Zapfen reifen können. Wer also eine Kiefer ziehen möchte, muss den Zapfen ein paar Tage ins Warme legen, um an die Saat zu kommen.

GEGEN ALLES IST EIN KRAUT GEWACHSEN

Heilpflanzen kennenlernen

In der Natur findet sich eine enorme Vielfalt an Pflanzen, die Leiden lindern oder gar heilen können. Über Jahrhunderte bewahrten Mönche und Nonnen das Wissen über die Heilkräfte von Pflanzen und wussten diese zu nutzen. Ob Salbei, Wermut, Fenchel oder Liebstöckel – all das gehörte zum gut sortieren Klostergarten. Neben Tees und Salben eignen sich Kräuter auch als Badezusätze oder als Bestandteil von Kosmetika.

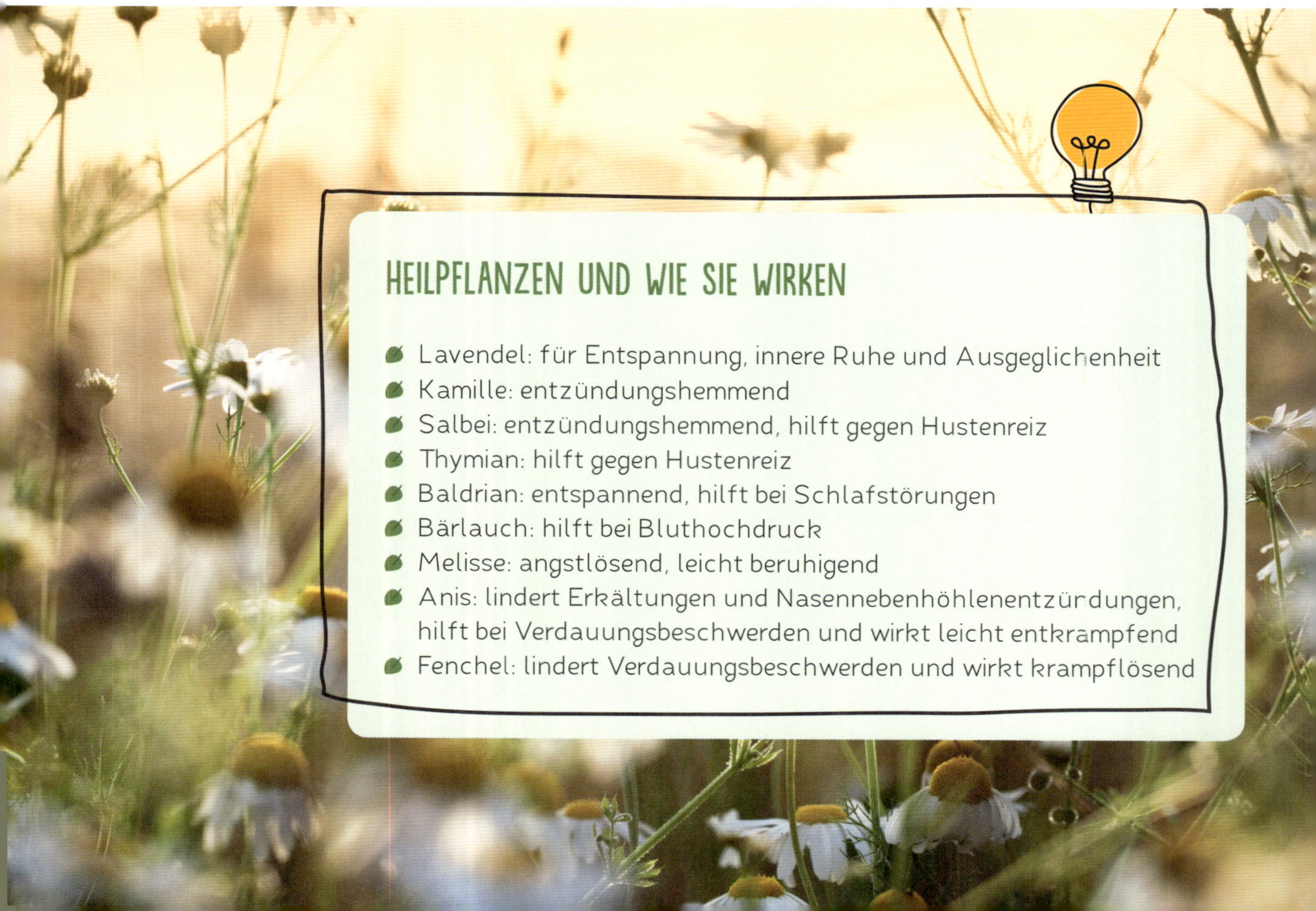

HEILPFLANZEN UND WIE SIE WIRKEN

- Lavendel: für Entspannung, innere Ruhe und Ausgeglichenheit
- Kamille: entzündungshemmend
- Salbei: entzündungshemmend, hilft gegen Hustenreiz
- Thymian: hilft gegen Hustenreiz
- Baldrian: entspannend, hilft bei Schlafstörungen
- Bärlauch: hilft bei Bluthochdruck
- Melisse: angstlösend, leicht beruhigend
- Anis: lindert Erkältungen und Nasennebenhöhlenentzürdungen, hilft bei Verdauungsbeschwerden und wirkt leicht entkrampfend
- Fenchel: lindert Verdauungsbeschwerden und wirkt krampflösend

TEESTÜNDCHEN MIT MARIE UND NICK

Schatzkiste:
verschiedene Teepflanzen oder getrocknete Teeblätter in Gläsern

Marie und Nick trinken gern Tee. Marie trinkt am liebsten Lavendeltee, Nick mag Melissentee. Welche Teesorten kennt ihr? *(Kinder zählen auf)* Welchen Tee mögt ihr am liebsten? *(Kinder dürfen sich melden)* Gibt es in der Einrichtung regelmäßig Tee? Teesorten haben verschiedene Eigenschaften – kennt ihr einen Tee, der gegen Bauchschmerzen helfen kann? *(Kinder erzählen)*
Marie und Nick haben verschiedene Teesorten mitgebracht – doch pssst! Es wird nicht verraten, welche Sorte sich dahinter verbirgt! Könnt ihr am Geruch erkennen, welche Teesorten das sind? *(Kinder nehmen reihum die Gläser in die Hand und überlegen, wie der Tee wohl heißen könnte)*

KREATIVE UMSETZUNG: TEE SELBST GEMACHT

Material:
verschiedene getrocknete Teeblätter in Gläsern, Löffel, Teebeutel zum selbst Befüllen

Zuerst werden die Gläser der Reihe nach an die Kinder gereicht – können sie am Geruch die Kräuter erkennen? Dann wird noch einmal besprochen, welche Wirkung die Tees haben. Anschließend darf jedes Kind seinen eigenen Teebeutel mit dem Lieblingsgeschmack oder der erwünschten Wirkung zusammenstellen.

SCHON GEWUSST?

Ein ganz edles Pflänzchen ist der Safran: Aus dieser Krokusart – die im ganzen Jahr nur an 2 Tagen blüht – wird das gleichnamige Gewürz gewonnen. Geerntet wird in Handarbeit am Morgen des ersten Blütetages. Dabei werden die 3 feinen, 2 bis 3 cm großen, rot-orangenen Stempelfäden der Blüte geerntet.

SCHMETTERLINGE, BIENEN & Co

ES KRABBELT, SUMMT UND BRUMMT

Insekten in unserem Ökosystem

Viele Menschen haben bei Insekten den Eindruck, dass es sich hierbei um Schädlinge handelt. Nicht selten wird mit Insekten das Gefühl von Ekel verbunden und die kleinen Tiere werden als lästig wahrgenommen. Doch Insekten sind nützlich und tragen ihren Teil zu einem funktionierenden Ökosystem bei:

Als **Nahrungsquelle** dienen sie Vögeln und Amphibien. Es werden auch kleinere Insektenarten von größeren Arten verspeist. Daraus lässt sich ableiten, dass ein Rückgang von Insekten auch gleichzeitig ein Rückgang von Vögeln und Amphibien bedeutet, da die Futterbeschaffung erschwert wird.

SCHON GEWUSST?

Klein aber oho – Insekten mögen nicht besonders groß sein, aber sie haben häufig beeindruckende Fähigkeiten: Ameisen sind super stark? Das ist nichts gegen den Mistkäfer: Er kann nämlich über das Tausendfache seines eigenen Körpergewichts stemmen. Flöhe können das Zweihundertfache ihrer eigenen Größe springen und manche Libellenarten fliegen bis zu 50 km/h schnell. Bienen haben übrigens eine bessere Nase als Hunde – vielleicht sollten sie über eine Laufbahn als Drogenspürbienen nachdenken.

Der Bombardierkäfer ist tatsächlich, wie sein Name schon verrät, schwer bewaffnet. Er kann bei Gefahr seine Feinde mit einer ca. 100 °C heißen, stinkenden und ätzenden Säuremischung beschießen. Der Käfer kann dabei sogar noch einen deutlich hörbaren Knall erzeugen. Diese Gasexplosion kann der Bombardierkäfer mehrmals hintereinander abfeuern.

KREATIVE UMSETZUNG: CHECK-IN IM INSEKTENHOTEL

Material:
Dosen, Stroh, Schilf, Äste

Es muss nicht immer der große gekaufte Wellnesstempel für die Krabbler sein, Insektenhotels können schnell aus Haushalts- und Naturmaterial selbst gebastelt werden. Dafür brauchen Sie nur saubere (Konserven-)Dosen, die mit Ästen, kleinen Zweigen oder Schilfhalmen und Stroh aufgefüllt und aufgehängt werden. Die Dosen können auch – mit umweltfreundlichen Farben – bunt bemalt werden!

Auch bei der **Pflanzenvermehrung** leisten Insekten ihren Beitrag. Denn durch die Bestäubung der Pflanzen durch Schmetterlinge, (Wild-) Bienen, Falter, Fliegen und Käfer können die Pflanzen sich weiter vermehren. Nicht zuletzt kann die Versorgung der Menschen mit Nahrungsmitteln sichergestellt werden. Ohne Insekten würden wir sehr schnell (beinahe) nackt durch die Gegend laufen: Baumwolle und Leinen werden auch durch Insekten bestäubt.

Als **Putzkolonne** sind die kleinen Wundertiere ebenfalls unverzichtbar für unser Ökosystem: Sie fressen und zersetzen totes Holz und Pflanzen, Kot und tote Tiere und fördern so die Fruchtbarkeit des Bodens.

Durch chemische Schädlingsbekämpfung, veränderte Lebensräume und den Rückgang von Wildkräutern ist auch ein Rückgang von Insekten zu verzeichnen. Wer hier gegensteuern möchte, kann durch Wildblumenwiesen, Insektenhotels und den Verzicht auf Steingärten den Insekten viel Gutes tun.

VON DER RAUPE ZUM SCHÖNEN FALTER

Schmetterlinge entdecken

Sie schillern in bunten Farben, die Fressfeinde verwirren sollen, oder fliegen im schnöden Braun durch die Nacht: Schmetterlinge flatterten schon den Dinosauriern um die Nase. Sie gehören zu den artenreichsten Insekten – jährlich entdeckt man 700 neue Arten! Doch sehen sie nicht nur hübsch aus, sondern sie leisten auch ihren Beitrag zu unserem Ökosystem: Sie bestäuben Pflanzen und dienen heimischen Vögeln als Nahrung.

DIE HÄUFIGSTEN HEIMISCHEN SCHMETTERLINGE

- Admiral
- Buchsbaumzünsler
- Distelfalter
- Gammaeule
- Kohlweißling
- Zitronenfalter
- Kleiner Fuchs
- Schachbrettfalter
- Landkärtchen
- Schwalbenschwanz
- Taubenschwänzchen

ANSCHAUUNGSBILDER AUF S. 91/92

SCHMETTERLING, DU KLEINES DING

Schatzkiste:
Kopiervorlage 11: *Metamorphose der Schmetterlinge*, evtl. Reste eines aufgebrochenen Kokons

Maries Lieblingsschmetterling ist das Taubenschwänzchen, weil dieser von vielen auch mit einem Kolibri verwechselt wird – das ist doch ziemlich spannend! Nick mag gern den Zitronenfalter, weil er da immer an den Zitronenkuchen von seiner Oma denken muss. Welchen Schmetterling oder Falter mögt ihr am liebsten? *(Kinder erzählen)* Wisst ihr auch schon, wie ein Schmetterling entsteht? *(Kinder berichten)* Gibt es vielleicht eine Stelle, an der ihr besonders oft auf einen Schmetterling trefft? Vielleicht auch hier in der Kita? *(Kinder dürfen erzählen)*

KREATIVE UMSETZUNG: SCHMETTERLINGE IN UNSEREM GARTEN

Material:
Kopiervorlage 12: *Schmetterlinge & Falter*, Stifte

Jedes Kind erhält eine Übersichtskarte und einen Stift. Gemeinsam gehen die Kinder in den Garten der Kita und schauen sich um: Wo treffen sie Schmetterlinge? Sind diese auf der Karte? Wenn ja, wird ein Strich neben den Schmetterling auf der Karte gemacht.

SCHON GEWUSST?

Der Atlasspinner aus Thailand gehört zu den größten Schmetterlingen der Welt und hat eine Flügelspannweite von 25 bis 30 cm und eine Flügelfläche von 400 cm. Da er nur einen verkümmerten Rüssel und keinen Magen hat und somit keine Nahrung aufnehmen kann, beträgt seine Lebensdauer nur etwa eine Woche. Nicht ganz so groß, kommt dafür aber viel rum: Das Taubenschwänzchen kann bei seiner Wanderung bis zu 2 000 km zurücklegen und ist damit ein richtiges Flugwunder!

ES IST WAS LOS IM BIENENSTOCK

Über Bienen und ihre Völker

Honigbienen leben in Völkern. Ein Bienenvolk besteht aus der Bienenkönigin, den Arbeiterinnen und den Drohnen. Bienen bauen sich ihr Zuhause selbst: Sie produzieren Wachsplatten, Waben, in denen sich in den sechseckigen Zellen die Larven entwickeln und Vorräte aufbewahrt werden. Ein Bienenvolk besteht aus ca. 40 000 bis 80 000 Tieren.

Eine **Bienenkönigin** ist etwa 16 bis 20 mm groß. Besonders ihr Hinterleib ist deutlich größer als der der Arbeiterinnen, da sie für den Nachwuchs zuständig ist. Eine Bienenkönigin legt täglich etwa 1 500 bis 2 000 Eier. Sie entscheidet, ob ein Ei mit dem in ihrem Körper gespeicherten Spermium befruchtet wird oder nicht. Aus den befruchteten Eiern können Königinnen oder Arbeiterinnen heranwachsen. Aus den nicht befruchteten Eiern werden Drohnen. Soll aus einem Ei eine Königin entstehen, wird dieses in einer größeren Zelle abgelegt und mit Gelee Royal (ein speziell von den Arbeiterinnen produzierter Stoff) aufgefüllt. Königinnen werden 3 bis 5 Jahre alt.

Die **Arbeiterinnen** sind sterile Weibchen, d. h., sie können keine Eier legen. Sie haben sogenannte „Körbchen“ an den Hinterbeinen, in denen sie bei ihren Sammelflügen den Blütenstaub aufbewahren. An dem Pelz der Arbeiterinnen bleiben oft

Blütenpollen hängen, sodass die Bestäubung der Blumen ganz nebenbei erfolgt. Eine Arbeiterin wird bis zu 6 Wochen alt. Schlüpft sie im Herbst und kann überwintern, kann sie bis zu 9 Monate leben.

Drohnen sind die männlichen Bienen. Sie können nicht fliegen und werden etwa 14 bis 18 mm groß. Drohnen werden nur wenige Wochen alt. Ihre einzige Aufgabe in ihrem kurzen Leben ist die Begattung der Königin.

FLEIßIGE BIENEN

Der Alltag einer Arbeiterin ist vollgepackt mit Aufgaben – dabei hängt es von ihrem Alter ab, zu welchem Dienst sie eingeteilt wird:

1 bis 4 Tage:	Waben sauber halten
5 bis 11 Tage:	Futtersaft-Drüsen sind ausgebildet, Nachwuchs versorgen
12 bis 18 Tage:	Arbeiterin kann Waben bauen.
19 bis 21 Tage:	Eingang des Bienenstocks bewachen
22 bis 40 Tage:	Pollen, Nektar und Wasser sammeln

Die Bienen haben ein Orientierungssystem entwickelt: Mithilfe der Sonne als Kompass kann die Biene wieder zurück zum Bienenstock finden, denn beim Verlassen des Stocks merkt sie sich den Stand der Sonne.

WILDBIENEN – STARKE EINZELGÄNGER!

Auch Wildbienen sind stark bedroht! Die meisten Wildbienen leben nicht wie die Honigbienen in einem Staat, sondern als Einzelgänger. Die Weibchen bauen sich ihre Nester allein und versorgen ihre Brutstätten selbstständig. Einige Wildbienen betreiben sogar gar keine Brutvorsorge: Sie „schmuggeln" ihre Eier in andere Wildbienennester. Diese „Kuckuckslarven" ernähren sich vom Pollenvorrat, der eigentlich für die Wirtslarve vorgesehen war, die dann verhungert. Durch Monokulturen und den Einsatz von Pestiziden sowie auch durch weniger Blumenwiesen (z. B. durch Kiesgärten) verlieren die Wildbienen nicht nur wichtige Pollensammelstellen, sondern auch Nistplätze. Wildbienen nisten sich gern in Holz, Gräser, Schneckenhäuser, Totholz, alten Hecken, Sandwegen oder auch Steinhaufen ein, aber diese Nistmöglichkeiten verschwinden mehr und mehr. Doch wie auch die Honigbiene ist die Wildbiene ein wichtiger Bestäuber für unsere Pflanzen. Ohne sie würden viele Pflanzensorten aussterben, die wir für unsere Nahrung brauchen. Deshalb ist es wichtig, für die Wildbienen Nistplätze zu erhalten oder zu schaffen und für eine umfangreiche Pollenversorgung zu sorgen!

SCHON GEWUSST?

Eine Arbeiterin kann bis zu 50 km/h fliegen und entfernt sich dabei mehrere Kilometer vom Stock, um den Blütennektar zu sammeln. So kommt ein Bienenvolk im Jahr auf bis zu 36 Millionen Flugkilometer, was ungefähr 900 Erdumrundungen entspricht.

HELFEN KANN JEDER!

- auf Pestizide verzichten
- auf heimische Pflanzen im Garten setzen
- Küchenkräuter blühen lassen
- eine Blumenwiese anlegen (in kleinen Gärten gern auch in einem Kübel)
- auf ganzjährige Blüten im Garten achten, durch Pflanzen, die zeitversetzt blühen
- altes Gestrüpp stehen lassen

SUMM, SUMM, SUMM

Was für ein Bienengebrumm

Schwarz-gelb geringeltes Hinterteil, 6 Beine (oft mit gelben Pollenpaketen bepackt), 2 dünne Flügelpaare und eigentlich sehr nette Gesellen – die Bienen. Vor allem im Sommer sind sie unterwegs und man sieht sie fleißig von Blüte zu Blüte huschen: Bienen liefern uns Honig, bestäuben aber auch reichlich die Blüten und Pflanzen und sorgen so für unsere Nahrung.

GEFÄHRLICHE STACHLER?

Das Leben einer Biene ist nicht ganz ungefährlich. Zu ihren natürlichen Feinden gehören Wespen, Hornissen, Vögel und der Mensch. Zwar kann die Biene sich mit ihrem Giftstachel gegen einen Angreifer wehren, doch reißt der Stachel dann einen Teil des Hinterleibs der Biene mit heraus, was für die Biene tödlich endet.

SUMM, SUMM, SUMM – WAS BRUMMT HIER HERUM?

Schatzkiste:
Honig, evtl. Teile einer Wabe oder eine Bienenwachsplatte, evtl. Honigbrote

Bienen sind tolle und faszinierende Tiere. Marie und Nick kennen die Aufgaben der Bienen schon ziemlich gut. Wisst ihr, wie Bienen leben? *(Kinder dürfen erzählen, was sie über die Bienen wissen)* Isst vielleicht auch jemand gern ein Honigbrot oder süßt den Tee mit Honig? Wurde schon mal jemand von euch gestochen? *(Kinder erzählen, wie sich das angefühlt hat und was die Eltern dann gemacht haben – hat vielleicht auch ein Kind beobachten können, was danach mit der Biene passiert ist?)* Wisst ihr auch, warum Bienen manchmal stechen? *(Kinder erzählen)* Marie und Nick haben euch etwas zum Probieren mitgebracht: jeder von euch darf sich ein kleines Honigbrotschnittchen zum Kosten holen und erzählen, wie es schmeckt. *(Kinder bedienen sich reihum)*

KREATIVE UMSETZUNG: NISTPLÄTZE ÜBERALL!

Gemeinsam untersuchen die Kinder als Bienenschützer den Garten: Wo gibt es schon Pollenspender für die Bienen? Wo finden sich bereits Nistplätze für Wildbienen? Wo können weitere Pflanzen gesetzt werden, um das ganze Jahr über etwas für die (Wild-)Bienen zu tun? Am Ende werden alle Beobachtungen und Ideen gesammelt – gibt es vielleicht noch Ideen, die sich im Kindergarten gut umsetzen lassen (Hecken pflanzen, Nisthäuser bauen, Wildblumenwiese an einer bestimmten Stelle anlegen oder Blumentopf mit Wildblumen aufstellen)? Wollen die Kinder einen oder mehrere Bienenbeauftragte wählen, die immer wieder berichten, an welcher Ecke im Garten gerade ein besonders großes Aufkommen von (Wild-)Bienen zu beobachten ist? Und an besonders heißen Tagen: Braucht man vielleicht auch eine Tränke für die fleißigen Bestäuber?

WAS FLIEGT DENN DA?

Von Glühwürmchen und anderen Fluginsekten

Als Fluginsekten werden alle Insekten zusammengefasst, die mit Flügeln ausgestattet sind und fliegen können. Auch die Fluginsekten dienen als Futterquelle für andere Tiere (z. B. Vögel, Frösche, Igel ...) und tragen zur Bestäubung der Pflanzen bei. Doch erfüllen sie noch weitere Aufgaben: Der Aaskäfer ist beispielsweise ein sehr guter Biomüll-Entsorger. Käfer fressen auch Blattläuse und sind so natürliche Schädlingsbekämpfer. Gerade wegen dieser Eigenschaft wurde der Marienkäfer in der Landwirtschaft hoch angesehen und der 7-Punkt-Marienkäfer sogar als Glücksbringer eingestuft.

HEIMISCHE FLUGINSEKTEN

- Bienen
- Wespen
- Hornissen
- Hummeln
- Schmetterlinge
- Libellen
- Käfer (z. B. Marienkäfer)
- Falter
- Mücken
- Wanzen
- Zikaden

ANSCHAUUNGSBILDER AUF S. 93

LANDEBAHN FÜR KÄFER, LIBELLE & CO.

Schatzkiste:
Kopiervorlage 13: *Heimische Fluginsekten*

Bestimmt habt ihr alle schon einmal ein fliegendes Insekt gesehen. Über manche Fluginsekten freut man sich mehr und über manche weniger. Viele freuen sich zum Beispiel über einen Besuch von einem Glücksmarienkäfer und sind aber erleichtert, wenn die Wespe weiterfliegt, ohne bei einem zu landen. Welche fliegenden Insekten kennt ihr? *(Kinder zählen auf)* Auch Marie und Nick kennen viele fliegende Insekten wie die Hornisse, die Wespe, den Nachtfalter oder das Glühwürmchen. Über welches Insekt freut ihr euch, wenn es euch besuchen kommt? *(Kinder berichten)* Und bei welchem Insekt seid ihr froh, wenn es wieder weiterfliegt und euch ganz in Ruhe lässt? *(Kinder dürfen erzählen)*

KREATIVE UMSETZUNG: KLEINE BESTÄUBER BEOBACHTEN

Material:
evtl. Bestimmungsbuch

Die Kinder gehen in den Garten und beobachten die verschiedenen Fluginsekten im Garten. An welcher Blüte sind ganz viele Insekten? Welche Insekten findet man im Garten am häufigsten? Wer kann die Körbchen bei der Biene sehen? Was gibt es sonst noch so für spannende Eigenschaften bei den Fluginsekten? Schillernde Flügel oder einen Saugrüssel vielleicht?

SCHON GEWUSST?

Über 2 Milliarden Menschen ernähren sich auch von Insekten. Wer das auch mal probieren möchte, sollte auf Eiweißlieferanten zurückgreifen, die für die menschliche Ernährung gezüchtet wurden, denn Insekten sind ja auch Aasfresser.

BEMERKENSWERTE KRABBELTIERE

Flügellose Insekten entdecken

Neben den geflügelten Gefährten gibt es natürlich auch Insekten ohne Flügel. Bei den flügellosen Insekten unterscheidet man zwei Kategorien: die primär flügellosen Insekten und die sekundär flügellosen Insekten. Primär flügellose Insekten werden auch Urinsekten genannt, weil sie während der Evolution keine Vorfahren mit Flügeln hatten. Bei sekundär flügellosen Insekten haben sich aufgrund bestimmter Lebensumstände die Flügel reduziert oder es kam sogar zum völligen Verlust der Flügel.

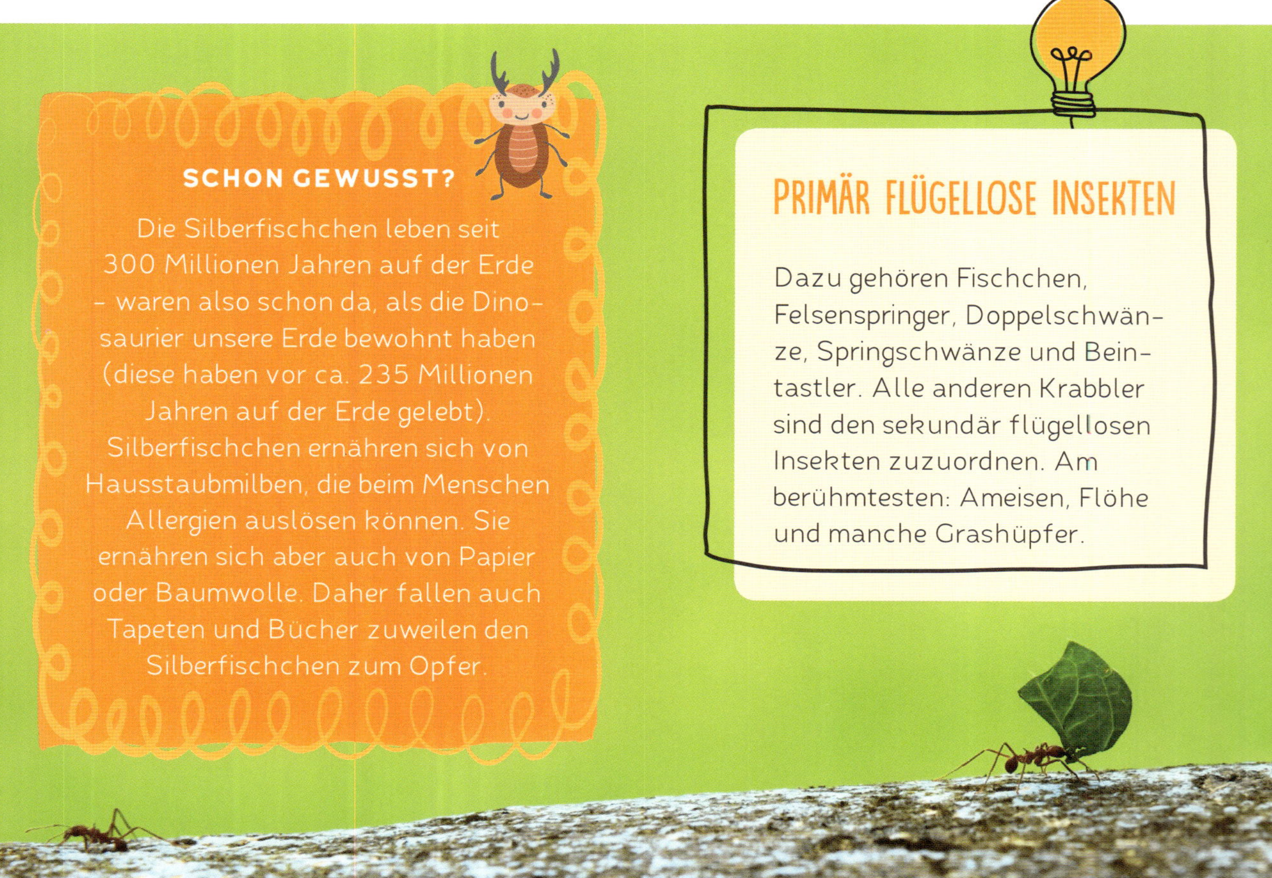

SCHON GEWUSST?

Die Silberfischchen leben seit 300 Millionen Jahren auf der Erde – waren also schon da, als die Dinosaurier unsere Erde bewohnt haben (diese haben vor ca. 235 Millionen Jahren auf der Erde gelebt). Silberfischchen ernähren sich von Hausstaubmilben, die beim Menschen Allergien auslösen können. Sie ernähren sich aber auch von Papier oder Baumwolle. Daher fallen auch Tapeten und Bücher zuweilen den Silberfischchen zum Opfer.

PRIMÄR FLÜGELLOSE INSEKTEN

Dazu gehören Fischchen, Felsenspringer, Doppelschwänze, Springschwänze und Beintastler. Alle anderen Krabbler sind den sekundär flügellosen Insekten zuzuordnen. Am berühmtesten: Ameisen, Flöhe und manche Grashüpfer.

ALT, ÄLTER, SILBERFISCHCHEN

Schatzkiste:
evtl. in einem Glas mit Löchern im Deckel ein Silberfischchen oder ein Bild davon, Spielzeugdinosaurier

Marie und Nick kennen vieles, was schon sehr alt ist. Oma und Opa zum Beispiel. Ein altes Haus oder ein altes Schloss. Nick hat eine Uhr von Opa geschenkt bekommen, die man aufziehen muss, weil sie keine Batterie hat. Diese Uhr muss also auch sehr alt sein. Was kennt ihr, was besonders alt ist? *(Kinder zählen auf)* Vielleicht hat ja jemand einen alten Kerzenständer zu Hause oder ein sehr altes Buch geerbt? Vielleicht ein Möbelstück oder ein Schmuckstück? Die Familie des Silberfischchens lebt seit ca. 300 Millionen Jahren unverändert auf der Erde. Habt ihr vielleicht eine Idee, welches Lebewesen vor so langer Zeit ungefähr auch auf der Erde gelebt hat, aber heute gar nicht mehr da ist? *(Kinder raten)*

KREATIVE UMSETZUNG: KRABBELTIER-FORSCHER

Material:
Becherlupe für jedes Kind, evtl. Insektenbestimmungsbuch

Gemeinsam geht die Gruppe auf eine Wiese. Jedes Kind darf vorsichtig kleine Krabbler von den Gräsern mit dem Becher abstreifen und mithilfe der Lupe die Tierchen untersuchen. Wie sehen die Köpfe aus? Wie viele Beine können die Kinder zählen? Können sie immer auch erkennen, welches Tier sie da vor sich haben? Helfen Sie beim Bestimmen. Gibt es auch auffällig interessante Tiere? Was ist so besonders an ihnen?

Wichtig: Empfindliche Tiere (wie z. B. Schmetterlinge) dürfen nicht eingesammelt werden! Und: Nach ausgiebiger Forschung werden die Tiere selbstverständlich wieder freigelassen!

ALLES KÄFER ODER WAS?

Zur Unterscheidung von Insekten und anderen Wirbellosen

Etwas hat viele Beine, mit denen es schnell durch die Gegend krabbelt, also ist es ein Insekt? Keineswegs! Insekten kann man sehr eindeutig durch ihren Körperbau bestimmen und von anderen Kleinstlebewesen unterscheiden.

Ein ausgewachsenes Insekt hat 6 Beine. Insekten haben kein Skelett und keine Wirbelsäule, daher werden sie auch als „Wirbellose" bezeichnet.

Insekten erkennt man daran, dass ihr Körper deutlich in 3 Teile unterteilt ist:

- Kopf
- Brustabschnitt
- Hinterleib

Zwar gehören Spinnen, Regenwürmer, Schnecken, Asseln, Zecken und Hundert- oder Tausendfüßler auch zu den Wirbellosen, es sind aber keine Insekten.

KREATIVE UMSETZUNG: ALLE INSEKTEN FLIEGEN HOCH

Wer hat gut aufgepasst und kennt den Unterschied? Nach den Regeln von *Alle Vögel fliegen hoch* lassen Sie bei diesem Spiel die Insekten fliegen – ausnahmsweise auch die flügellosen.

DER KÖRPERBAU EINES KÄFERS

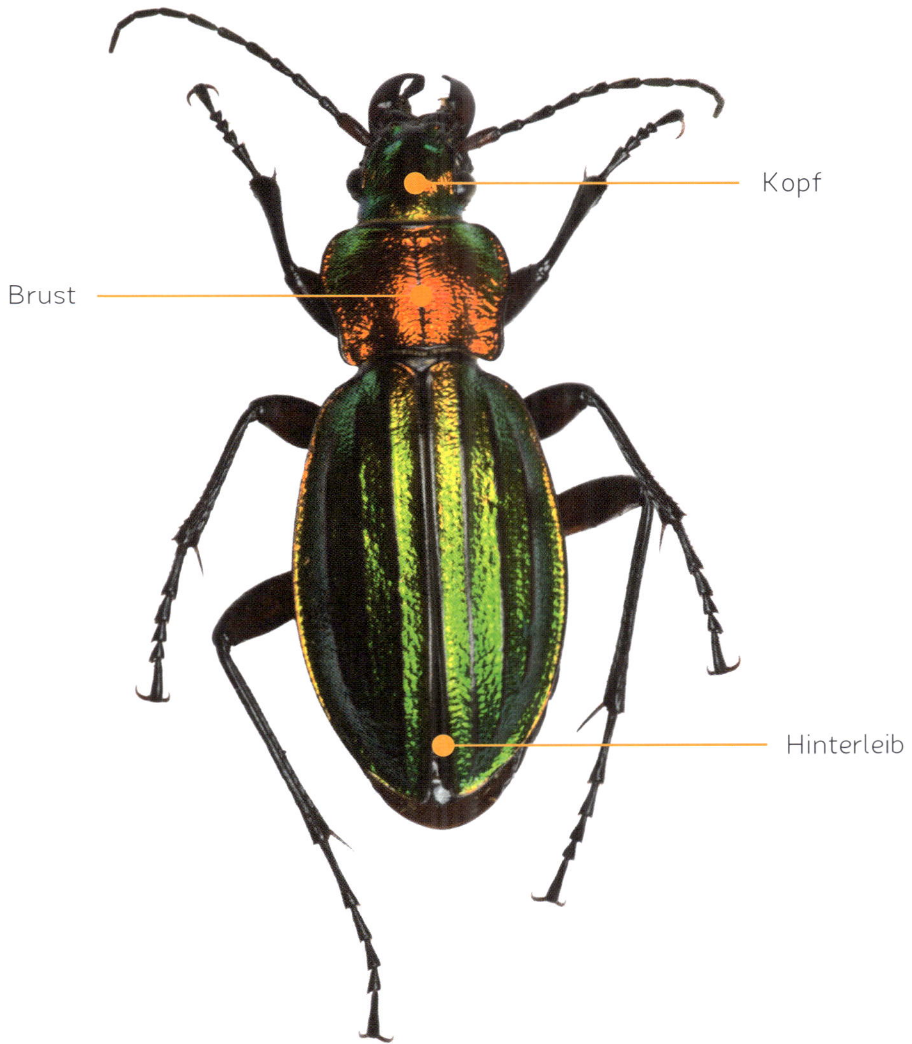

Bei diesem prächtig schillerndem Exemplar – einem Goldglänzenden Laufkäfer – erkennt man gut die für Insekten typische Dreiteilung in Kopf, Brust und Hinterleib.

NATUR

& Technik

DIE NATUR ALS INSPIRATION FÜR TECHNIK

Ein Ausflug in die Bionik

Die Natur ist sehr einfallsreich, wenn es darum geht, Probleme zu lösen. Diesen Einfallsreichtum machen sich auch Wissenschaftler zunutze. Die *Bionik* befasst sich mit den Lösungen aus der Natur und lässt diese in neue Technologien einfließen. **Holzwespen** besitzen beispielsweise einen Legestachel, mit dem sie ohne jede Drehbewegung bis zu 6 cm tiefe Löcher ins Holz bohren können, um dort dann ihre Eier abzulegen. Diese Fähigkeit diente als Vorbild für den **Raspelbohrer**, mit dem Löcher mit unterschiedlichem Querschnitt gebohrt werden können.

Auch für die Entwicklung von Robotern wird immer wieder auch auf die Natur geschaut. So hat die besondere Fortbewegungsart einer nordafrikanischen **Spinne** Wissenschaftler beim Bau des **Roboters** *Tabbot* inspiriert, der das Vorbild für Weltraummobile ist: Wie die Spinne kann der Roboter springen und rollen, um auch auf unwegsamem Gelände nicht ins Straucheln zu geraten. So bietet Natur nicht nur Lebensraum, Lebensmittel und Schutz, sondern inspiriert auch zur (Weiter-)Entwicklung von Lösungen.

Und es gibt noch zahlreiche weitere Beispiele, bei denen die Natur Pate für Erfindungen gestanden hat: Beispielsweise hat aus der Pflanzenwelt die **Klette** mit ihren elastischen Häkchen die Idee für den **Klettverschluss** geliefert. **Ahornsamen** erzeugen mit ihren Flügeln einen Luftdruck, der für Auftrieb sorgt, wenn diese sich um die eigene Achse drehen, während sie vom Baum fallen – dies findet sich auch beim **Hubschrauberpropeller** wieder.

Die **Pusteblume** inspirierte zur Erfindung des **Fallschirms**, wobei angemerkt sei, dass es hier in der Natur leichter aussah als es tatsächlich war: Es brauchte viele Anläufe und Unfälle, bis es mit dem Fallschirm dann tatsächlich geklappt hat. Und auch von der Übertragung des **Abperleffekts** der **Lotusblüte**, die sich selbst reinigen kann, zum Lotuseffekt im Alltag, z. B. beim Waschbecken oder anderen geeigneten Oberflächen, hat es Jahrzehnte gedauert, da die Perfektion der Natur sich nicht immer so leicht kopieren oder übertragen lässt.

Aus der Welt der Tiere gibt es noch viele weitere Beispiele, wie Lebewesen die Wissenschaft und Technik bereichern. Beispielsweise haben die sich selbst schärfenden Zähne der **Nagetiere**, die sich durch die gegenüberliegenden Zähne abnutzen und gleichzeitig schärfen, zur Entwicklung von **selbst schärfenden Messern** beigetragen. Die **Krake** regte zur Erfindung des künstlichen **Saugnapfes** an. Der **Elefantenrüssel** hat sowohl zum Saugrüssel des **Staubsaugers** inspiriert als auch zu einem nachgiebigen **Greifarm**, der ihm nachempfunden ist.
Der **Schwarze Kiefernprachtkäfer** hat bei der Lösungssuche zur Vermeidung von Großbränden beigetragen, denn die Käfer nehmen das Feuer durch spezielle Infrarotrezeptoren wahr, die nun als Vorbild für neuartige **technische Sensoren** dienen.

ANSCHAUUNGSBILDER AUF S. 93

Der **Hai** hat mit seiner Haut die Idee für die Entwicklung bestimmter **Schwimmanzüge** geliefert. Diese waren mit zahlreichen künstlichen Haischuppen übersät. Mit diesem Haianzug konnten die Schwimmer tatsächlich schneller schwimmen als die Schwimmer ohne Anzug. Da dieser Schwimmanzug jedoch sehr schwer und dick war, wurde er immer weiterentwickelt, um noch bessere Ergebnisse erzielen zu können.

Auch der **Regenwurm** hat seinen Beitrag im Bereich Bionik geleistet: Weil beobachtet wurde, wie der Regenwurm Widerstand leistet, wenn er aus der Erde gezogen wird, nämlich durch seine Wenigborsten und die einzelnen Körperringe, die sich an die Erdhöhle pressen, wurde dieses Prinzip auf den **Baudübel** übertragen.

Die Natur inspiriert also immerzu zu neuen Ideen und Lösungen. Auch wenn sie nicht immer eins zu eins kopiert werden können, so sind sie doch die Grundlage für weitere Entwicklungen, die unser Leben leichter und sicherer machen – und sicherlich auch faszinierender!

PUSTEBLUMENFALLSCHIRME UND RÜSSELSTAUBSAUGER

Bionik in der Kita

Leonardo da Vinci gilt als der Vater der Bionik. Denn bereits 1505 verfasste er Aufzeichnungen, die das Studieren von Naturphänomenen und eine mögliche Umsetzung dieser Erkenntnisse in die Technik dokumentieren. Fasziniert vom Flugverhalten der Vögel versuchte er, den Flügelschlag zu imitieren. Der Mensch ist nur leider nicht in der Lage, sein eigenes Körpergewicht vom Boden zu heben.

WIE AUS EINEM REGENWURM EIN DÜBEL WURDE ...

Schatzkiste:
Kopiervorlage 14: *Bionik-Memory*, evtl. auch Materialien wie Klettverschluss, Klette, Ahornsamen, Spielzeughubschrauber, Pusteblume ...

Marie und Nick sind total fasziniert davon, welche Lösungen aus der Natur in unseren Alltag übertragen wurden. Nick findet es spannend, dass ein kleiner, vielleicht sogar unscheinbarer Regenwurm zu so was Nützlichem wie einem Baudübel inspiriert hat. Marie ist davon begeistert, dass die Pusteblume zur Idee des Fallschirms beigetragen hat. Aber besonders dankbar sind die beiden für den Klettverschluss. Zwar können sie auch Schuhe binden, aber mit dem Klettverschluss geht's manchmal einfach schneller! Vielleicht habt ihr auch schon mal was gesehen oder gehört oder erzählt bekommen, von dem ihr wisst, dass die Idee von der Natur abgeguckt wurde?

KREATIVE UMSETZUNG: WAS WURDE WOZU?

Material:
Kopiervorlage 14: *Bionik-Memory*, Naturmaterial und Bilder zum Thema, Plakat, Klebestift, Edding

Der Elefantenrüssel war Vorbild für den Schwimmanzug ... oder wie war das noch mal? Mit den Bildkarten der Kopiervorlage 14 können die Kinder den Naturpaten die Technikerfindung zuordnen. Wer es ein bisschen kniffliger mag, spielt mit den Karten nach den bekannten Memory-Regeln.
Halten Sie gemeinsam die Augen offen: Was finden die Kinder bei Spaziergängen? Inspiriert sie etwas zu einer Erfindung? Auch die Eltern können einbezogen werden: Gestalten Sie ein Plakat mit Bildern der Vorbilder aus der Natur und den technischen Errungenschaften und lassen Sie die Eltern versuchen, die richtigen Pärchen zu finden!

SPIELE & IDEEN

mit und in der Natur

MIT DER NATUR BASTELN, SPIELEN UND KREATIV SEIN

Naturmaterialien entdecken, eine Kleinigkeit basteln, Sinneswahrnehmungen machen - diese Spiel- und Kreativideen mit und in der Natur ergänzen die Projekttage nach den Interessen der Kinder oder sind im Alltag schnell zur Hand. Ob Saatbomben oder Fühl-Parcours: Die Kinder machen hier viele spielerische Naturerfahrungen.

BADESALZ

Material:
grobkörniges Meerbadesalz, getrocknete Blüten (z. B. Rose, Lavendel ...), ätherisches Öl, Schraubglas

Die Kinder füllen das Glas mit dem Badesalz und den Blüten. Abschließend noch Duftöl ins Glas träufeln und das Glas verschrauben. Besonders schön sieht es aus, wenn das Glas in Schichten gefüllt wird.

LÖWENZAHNGELEE

Material:
200 g Löwenzahnblüten, 1 l Wasser, eine Biozitrone, Gelierzucker, Topf, Schraubgläser, Geschirrtuch oder Kaffeefilter, Trichter, Schüssel, Messer, Zitronenpresse, Löffel

Löwenzahnblüten sammeln und den Stiel so nah wie möglich an der Blüte entfernen (sodass kein Grün dran ist) und diese dann in eine Schüssel geben. Das Wasser zum Kochen bringen und über die Löwenzahnblüten gießen. Mit einem Tuch abdecken und über Nacht bzw. 24 h ziehen lassen. Am nächsten Tag den Inhalt entweder mithilfe eines Geschirrtuches filtern und in einen Topf gießen oder in einen Trichter einen Kaffeefilter geben und das Blütenwasser damit filtern. Danach das Blütenwasser gemeinsam mit der ausgepressten Zitrone und dem Gelierzucker nach Anleitung aufkochen lassen. Noch heiß in die Gläser füllen und luftdicht verschließen.

WOHLFÜHL- UND ENTSPANNUNGSKEKSE

Material:
175 g weiche Butter, 125 g Zucker, 1 Ei, 300 g Mehl, 1 Prise Salz, gut 1 bis 2 erwachsene Hände voll getrocknete Lavendelblüten, Rührgerät, Schüssel, Löffel, Backblech und Backofen

Aus Butter, Zucker, Ei, Mehl und Salz einen Mürbeteig rühren und diesen dann mind. 30 min im Kühlschrank kalt stellen. Nach der Ruhezeit die Lavendelblüten unterheben und daraus kleine, runde Plätzchen formen. Diese auf das Backblech legen und bei ca. 175 °C 12 bis 15 min goldbraun backen.

KASTANIEN-HERZEN

Material:
stabiler Draht,
Kastanien, Bohrer

Mit dem Bohrer Löcher in die Kastanien bohren, diese auf den Draht fädeln und den Draht anschließend zu einem Herz formen.

BLÜTENALBUM

Material:
buntes Tonpapier, gepresste Blüten, Kleber, Stifte, Locher, Wolle

Verschiedene Blüten sammeln, pressen und auf die Seiten kleben. Dann die Blüten beschriften und als Album zusammenbinden.

TIC, TAC, TOE

Material:
quadratischer Stoff (z. B. 20 cm x 20 cm), Acrylfarbe, Pinsel, 10 etwa gleich große, flache Steine, schönes Stoffband

Auf den Stoff 9 Kästchen (3 x 3) malen. Je 5 Steine in einer und 5 Steine in einer anderen Farbe anmalen und trocknen lassen. Nach dem Trocknen kann gespielt werden (im Wechsel Steine legen. Wer zuerst eine Reihe mit seiner Farbe legen konnte, hat gewonnen (möglich sind 3 Steine senkrecht, 3 Steine waagerecht oder 3 Steine diagonal). Nach dem Spielen die Steine in die Mitte des Tuches legen, die Ecken des Tuches zusammenfassen und mit dem Band zubinden – so kann das Spiel auch gut transportiert werden.

SAATBOMBEN

Material:
200 g Heilerde/Tonerde, 200 g Blumenerde, mind. 3 Pck. Blumensamen oder selbst gesammelte Samen, Wasser, Schüssel, Zeitungspapier

Erde in eine Schüssel geben, auflockern und miteinander vermischen. Anschließend die Samen hineingeben und vermengen. Mit Wasser nachgießen, bis sich das Erde-Samen-Gemisch formen lässt und mit den Händen zu einer Kugel formen. Die Kugel auf die Zeitung legen und trocknen lassen. Nach dem Trocknen auf offene Erdflächen werfen und den Blumen beim Wachsen zusehen.

WINDLICHT

Material:
(Alt-)Glas, getrocknete Blätter, Kleister, Pinsel, Teelicht, evtl. Bast oder schönes Band

Die getrockneten Blätter nacheinander mit Kleister bestreichen und auf das Glas kleben. Trocknen lassen. Eventuell den Rand des Glases mit Bast umwickeln (rot, orange oder gelb sehen besonders schön zu den getrockneten Herbstblättern aus). Diese Dekoidee geht natürlich auch mit getrockneten Blüten.

KRESSE-EI

Material:
Eierschalenhälften, Watte, Kressesaat (evtl. Farbe)

Die Eierschalenhälfte mit Watte polstern. Watte mit Wasser anfeuchten und dann die Kresse darüber streuen. Wer mag, kann die Schalen vorher bunt anmalen (z. B. mit Filzstiften oder Acrylfarbe)

KRABBELKÄFER-MASSAGE

Material:
evtl. Decken oder Matten als Unterlage

Immer zwei Kinder gehen zusammen. Ein Kind legt sich ausgestreckt auf den Bauch. Das andere Kind nimmt einen Fuß des liegenden Kindes in die Hand. Zur Geschichte werden die einzelnen Körperteile massiert. Dann wird gewechselt.

Der kleine Maikäfer wacht auf und wackelt mit dem einen Bein, wackelt mit dem zweiten Bein, wackelt mit dem dritten Bein, wackelt mit dem vierten Bein, wackelt mit dem fünften Bein und wackelt mit dem sechsten Bein *(immer mit Daumen und Zeigefinger einen Zeh nach dem anderen des liegenden Kindes massieren bzw. wackeln lassen).* Dann wackelt der Maikäfer mit dem Hinterteil *(weiterer Zeh)* und mit dem Kopf *(weiterer Zeh).*

Nun wird noch der eine Fühler geputzt *(weiterer Zeh)* und der zweite *(letzter Zeh).* Langsam bewegt der Maikäfer sich von seinem Blatt *(mit Handrücken die Fußsohle massieren)* und fliegt davon *(andere Fußsohle massieren).*

Er fliegt über Felder und Wiesen *(mit jeder Hand ein „C" bilden und die Finger links und rechts neben die Wirbelsäule legen und die Wirbel hoch massieren).*
Der Maikäfer fliegt zu einem Baum *(Arm massieren wie bei einem Boxer)* und sucht sich dort ein leckeres Blatt *(Handinnenfläche sanft mit der Faust ausstreichen).*

Anschließend fliegt er zum anderen Baum *(Arm massieren wie bei einem Boxer)* und sucht auch dort nach einem leckeren Blatt *(andere Handinnenfläche mit der Faust sanft ausstreichen).*

Dann landet der Maikäfer ganz oben auf der Baumkrone und genießt die schöne Aussicht *(Kopf mit den Fingern beider Hände massieren).*

Nach einer kleinen Weile geht die Sonne unter und der Maikäfer muss wieder nach Hause. Langsam fliegt er den Baum hinab an den Wiesen und Feldern vorbei und landet auf seinem Lieblingsbaum *(sanft mit den Händen den Kopf und den Rücken und die Beine entlangstreichen).*

Dort sucht er sich ein schönes Blatt, in dem er sich verstecken und ruhen kann, und schläft sanft ein *(Handflächen auf die Fußsohlen des ruhenden Kindes legen und mindestens 3- bis 5-mal tief ein- und ausatmen).*

CHECKLISTEN, VORLAGEN & ANSCHAUUNGSBILDER

- ☑ Checkliste 1: Umweltschutz im Alltag
- ☑ Checkliste 2: Umweltschutz im Team
- ☑ Checkliste 3: Elternabend
- ☑ Kopiervorlage 1: Schatzkiste
- ☑ Kopiervorlage 2: Marie
- ☑ Kopiervorlage 3: Nick
- ☑ Kopiervorlage 4: Umweltschützerdiplom
- ☑ Kopiervorlage 5: Unterm Blätterdach
- ☑ Kopiervorlage 6: Pflanzen des Waldes
- ☑ Kopiervorlage 7: Tiere des Waldes
- ☑ Kopiervorlage 8: Tierspuren-Memory
- ☑ Kopiervorlage 9: Waldstockwerke
- ☑ Kopiervorlage 10: Wer ist wo zuhause?
- ☑ Kopiervorlage 11: Metamorphose der Schmetterlinge
- ☑ Kopiervorlage 12: Schmetterlinge & Falter
- ☑ Kopiervorlage 13: Heimische Fluginsekten
- ☑ Kopiervorlage 14: Bionik-Memory

UMWELTSCHUTZ IM ALLTAG

- ☐ Ressourcen achtsam nutzen
- ☐ Papierverbrauch reduzieren
- ☐ Wasser sparen (Wasser aus beim Zähneputzen!)
- ☐ auf Palmöl verzichten (v. a. in Fertigprodukten)
- ☐ auf Fleisch verzichten (v. a. aus Brasilien und Argentinien)
- ☐ auf Plastikprodukte verzichten
- ☐ faire Produkte konsumieren
- ☐ das Auto stehen lassen
- ☐ Müll vermeiden, richtig trennen und fachgerecht entsorgen
- ☐ richtig lüften
- ☐ Elektrogeräte ausschalten
- ☐ Wäsche an der Luft trocknen
- ☐ im Wald auf den vorgesehenen Wegen bleiben
- ☐ keinen Müll in der Natur liegen lassen
- ☐ was nicht mehr gebraucht wird, verschenken oder upcyceln

UMWELTSCHUTZ IM TEAM

- ☐ Welches Know-how, welche Mittel und Informationen bringt der Träger mit ein?
- ☐ Wie und wann muss der Träger mit einbezogen werden?
- ☐ Über welches Know-how verfügen die Teammitglieder?
- ☐ Sind Weiterbildungen notwendig?
- ☐ Wie kann die Weiterbildung aussehen (Bücher, Filme, Seminare, Hospitation ...)?
- ☐ Wie viel Zeit soll investiert werden (Weiterbildung, Umsetzung, Projekttage, Elternabend, Familienveranstaltungen, Präsentation ...)?
- ☐ Wie kann ein zeitlicher Ablauf aussehen?
- ☐ Wie viel Budget muss evtl. geplan werden?
- ☐ Wie kann die Elternarbeit aussehen?
- ☐ Welche Projekte können mit den Kindern realisiert werden?
- ☐ Wie können Erfolge dokumentiert werden?
- ☐ Wer übernimmt welche Aufgaben?
- ☐ Wann soll es losgehen?

ELTERNABEND

- ☐ Warum wird das Thema Natur und Umwelt in der Kita behandelt?
- ☐ Wie wird der Kindergarten das Thema umsetzen (z. B. Unterthemen, Ablauf, Vorbereitungen ...)?
- ☐ Was werden die Kinder in dieser Zeit erleben (z. B. Ausflüge, Besuch eines Försters ...)?
- ☐ Welche zusätzlichen Angebote werden auch für Eltern in der Einrichtung stattfinden (z. B. Tauschbörse, Elterncafé, Eltern-Kind-Kreativnachmittage, gemeinsamer Ausflug in den Wald, Bastelangebote, Baum pflanzen ...)?
- ☐ Welche Themen werden auch vom Kindergartenalltag nach Hause mitgenommen?
- ☐ Abfragen: Welche Eltern können vielleicht einen Beitrag zum Thema beisteuern und wie sieht dieser aus (z. B. als Imke inr: Besuch bei den Bienen; als Förster: gemeinsamer Ausflug in den Wald; als Kreative: gemeinsam mit Eltern und Kinder ein Insektenhotel bauen ...)?

SCHATZKISTE

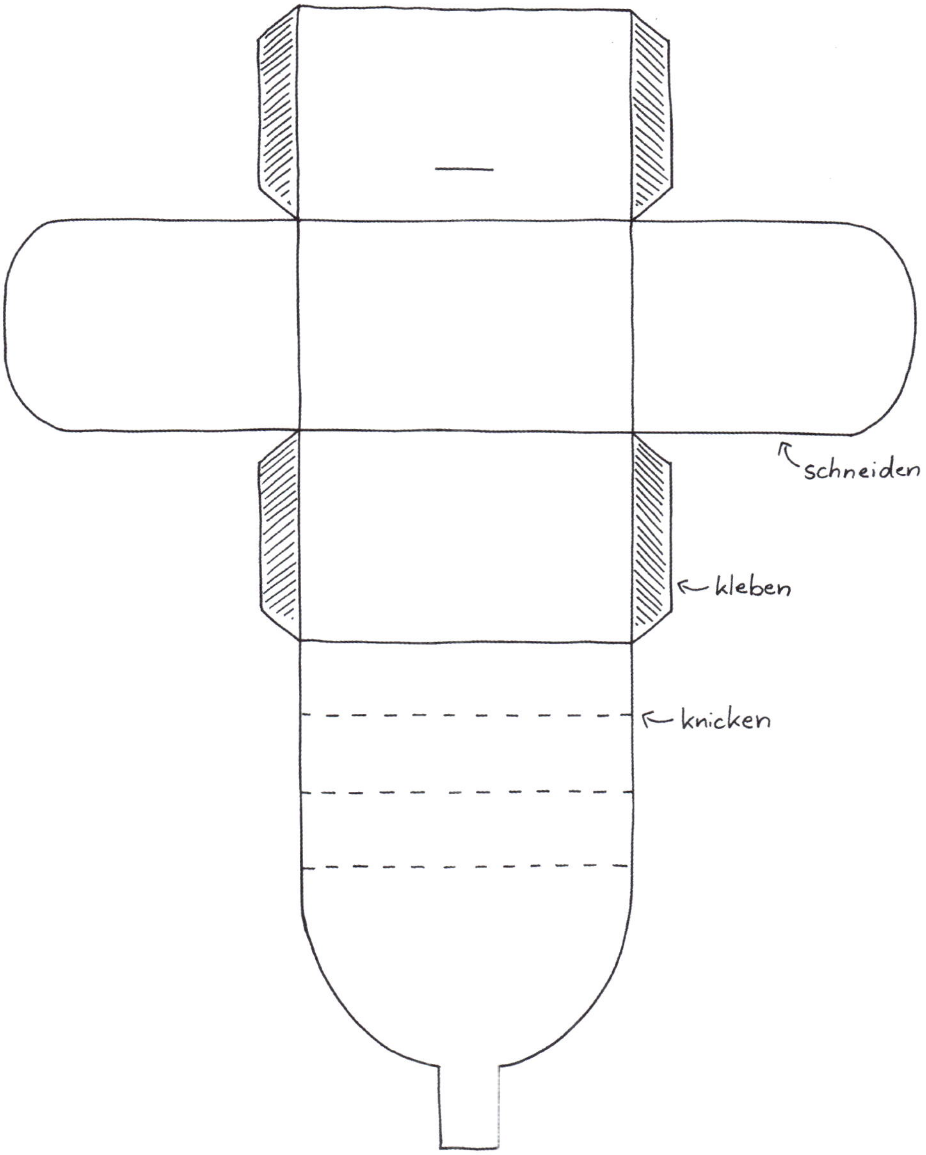

schneiden

kleben

knicken

UMWELTPROFI MARIE

UMWELTPROFI NICK

UMWELTSCHÜTZER DIPLOM

Wald, Wiese und Insekten

Liebe/r ______________________________

Du hast viel über die Natur und die Tiere gelernt und dich als richtiger Umweltprofi bewiesen!

Du kannst stolz auf dich sein!

Datum Unterschrift

UNTERM BLÄTTERDACH

Fichte

Lärche

Eiche

Buche

Kiefer

Tanne

UNTERM BLÄTTERDACH

Linde

Esche

Kastanie

Ulme

Ahorn

Birke

PFLANZEN DES WALDES

Brombeere

Brennnessel

Weißdorn

Hagebutte

Farne und Gräser

Schlehe

TIERE DES WALDES

Fuchs
Igel
Reh
Marder
Wildschwein
Dachs
Hase
Eule
Maus
Rotkehlchen

TIERSPUREN-MEMORY

Fuchs	Fuchs	Igel	Igel
Reh	Reh	Wildschwein	Wildschwein
Marder	Marder	Dachs	Dachs
 Eule Eule	Eule	 Maus Maus	Maus

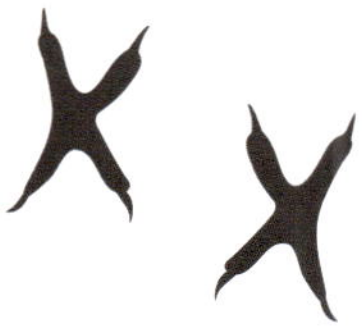

WALDSTOCKWERKE

WER IST WO ZUHAUSE?

METAMARPHOSE DER SCHMETTERLINGE

SCHMETTERLINGE & FALTER

Admiral

Buchsbaumzünsler

Distelfalter

Gammaeule

Kohlweißling

Zitronenfalter

SCHMETTERLINGE & FALTER

Kleiner Fuchs

Schachbrettfalter

Landkärtchen

Schwalbenschwanz

HEIMISCHE FLUGINSEKTEN

Wespe

Hornisse

Hummel

Libelle

Marienkäfer

Mücke

Wanze

Zikade

BIONIK-MEMORY

Klette

Klettverschluss

Ahornsamen

Hubschrauberpropeller

Pusteblume

Fallschirm

Lotusblüte

Abperleffekt

Nagetierzähne

Selbstschärfende Messer

BIONIK-MEMORY

Kraken

Saugknopf

Elefantenrüssel

Staubsaugerschlauch

Hai

Taucheranzug

Kiefernprachtkäfer

Rauchmelder

Regenwurm

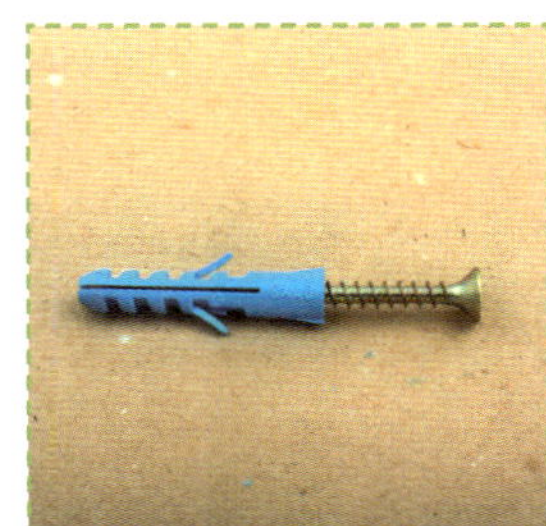

Dübel

ÜBER DIE AUTORIN

Claudia Hohloch, geboren 1981 in Schwäbisch Hall, ist verheiratet und lebt mit ihrem Mann und ihren beiden Töchtern in Gaildorf in Baden-Württemberg. Sie hat sich sehr intensiv mit dem Thema *Umweltschutz* auseinandergesetzt und möchte dies gern den kleinen und großen Leserinnen und Lesern näherbringen. Da sie weiß, dass es manchmal schwer sein kann, ein solches Thema den Kindern zu vermitteln, hat sie dieses Buch geschrieben, das spielerisch und kreativ das Thema *Umweltschutz* in kleine Häppchen aufteilt und so Schritt für Schritt für das Thema sensibilisiert und dadurch vielleicht einzelne Ideen oder sogar die ganze Ideensammlung in die Kindergärten und Familien transportiert – sodass schon bald ein paar Umweltschützer-Herzen mehr schlagen.